樂律

微表情心理學

陳濤濤，王利利 著

1/25秒
看見未言之語

U0078553

詳細分析人們經常會出現的「微反應」

誰說表情不會說話？一本書讓你看透每一個虛假的微笑！

變化萬千的眉毛、不可控制的嘴角、握手背後的潛臺詞……

掌握非語言溝通技巧，從頭到腳，揭開身體語言的層層謎底！

目錄

目錄

Part 5　腿腳動作暴露你的內心

Part 6　不同姿勢暴露你的內心

目錄

前 言

在日常生活中，我們幾乎每天都要和身邊的人發生連繫，這種種的連繫就構成了人際交往。那麼，在人際交往中我們如何才能受到大家的歡迎呢？有人說，這很難，因為想要了解一個人的內心是非常難的一件事，你不了解對方，難免會說錯話、做錯事。這時候你只會招人反感，又何談受歡迎呢？

其實，要說了解一個人的內心很難，那是因為我們沒有認真觀察，或者說這個人可能對我們不太重要，所以我們覺得沒有必要認真觀察。很多時候，只要我們願意花時間用心觀察，就可以發現很多非常細微的東西，或者說可以看到人的身體發出的一些訊號，也就是這本書要講的微表情與微反應。

微表情，顧名思義，就是持續時間很短的臉部表情，大概只有二十五分之一秒。由於它一閃即逝，所以很難偽裝，因此它很容易暴露一個人當時真實的情緒、想法或是心理狀態。如果你能準確地掌握一個人的心理狀態和真實想法，就能夠正確地應對，也就不會做出往槍口上撞的傻事。本書蒐集了很多人們在日常生活中經常會出現的微表情，相信能夠幫到大家。如果我們認真了解一下微表情，起碼可以辨別謊言。當然，這一切都建立在認真觀察的基礎上。

微反應則是指人類經過長期的進化而遺傳、繼承下來的可以幫助人類實現生存和繁衍的本能反應。這種反應是我們無法控制的，也沒辦法偽裝，因為就算是再能偽裝自己的人，在遇到有效的刺激之後也會在第一時

間出現微反應。所以說，微反應是我們了解一個人內心真實想法和變化的最準確的線索。透過微反應，我們能找到自己想要的真相。

　　本書從頭、手、腳、身體姿勢等方面，詳細分析了日常生活中人們經常會出現的一些微反應，基本涵蓋了生活的各個方面，希望能夠在人際交往方面幫助到讀者朋友。

Part *1*

面目表情暴露你的內心

在日常交際中，只要我們仔細觀察他人的細微表情，就能推斷出對方是否處於憤怒的情緒中，從而小心應付。否則，對方已經心生怒火了，我們還絲毫不知情，火上澆油，那只會對我們的社交造成負面的影響。

┤┠ 讀懂變化萬千的眉毛 ┠├

【心理學故事】

　　阮丹是一名網站策劃人員，經常要根據老闆的要求做一些策劃案。最近，由於網站改版，需要阮丹與網站編輯一起做出一個關於網站改版的策劃案，而編輯主要是提出自己的想法，最終策劃的出具者則是阮丹。經過開會商討、彙總建議等，阮丹花了兩天的時間才做出了策劃案。

　　隨後，她信心滿滿地將這個策劃案發到了老闆信箱中。可是，正當她忙其他的事情時，老闆將她叫到了辦公室。阮丹進入辦公室時，發現老闆的眉毛先是輕輕揚起，停留片刻後往下降，並且嘴角快速地撇了一下。此時，阮丹看在眼裡，心想老闆是不是不滿意自己剛剛所做的策劃案呢？

　　她站在那裡正想著，老闆開口說道：「這個策劃案雖然總體上比較有想法，但是內容做得並不是太全面。你有沒有和其他編輯好好商討、策劃呢？」當阮丹想要辯解自己確實是與編輯們商討後做出的策劃案時，她看到老闆的單個眉毛開始上揚，她知道對方可能對策劃案心存疑問。

　　於是，她將想說的話嚥進肚子裡，因為她深知當老闆產生疑問和不解時，不能與其辯解，這樣只會火上澆油，引發老闆的不滿。此時，自己應該放低姿態。因此，她向老闆求助道：「您看後覺得哪些地方不妥呢？您能指出還有哪些內容做得不好嗎？我隨後再將策劃案修改一下。」老闆聽到阮丹這麼問，頓時眉毛變得舒展開來，開始告訴阮丹應該新增哪些內容。

　　隨後，阮丹按照老闆的要求來修改和調整策劃案。為了防止出現之前

的狀況，阮丹在將策劃案發到老闆的信箱後，又來到老闆的辦公室中，對他說：「策劃案已經透過郵件發給您了，您看看還有哪裡需要調整的嗎？」老闆聽後，開啟了信箱開始檢視。

此時，阮丹發現老闆在看策劃案時，眉毛舒展開來，並且邊看邊點頭，這讓阮丹暗暗放了心。果然，老闆在看完策劃案後對阮丹讚賞地說：「不錯，這個策劃案做得很全面、很到位。」

【心理學家分析】

眉毛是眼部一個特殊的組成部分，它有三個基本功能：一是用來保護眼睛，可以防止灰塵或是其他東西進入眼睛中；二是造成裝飾、美化的作用。特別是女性，她們為了讓自己看上去更加漂亮，往往在眉毛上「大做文章」，比如紋眉、繡眉等；三是透過眉毛的變化，可以看出他人的內心活動和情感變化。所以，有很多詞語都用眉毛來形容人的情緒，比如愁眉不展、喜上眉梢、眉飛色舞等。

心理學家表示，眉毛往往是心情變化的「顯示器」，變化萬千的眉毛能夠反映出一個人的真實情緒。比如，當一個人眉頭緊皺時，則表示對方可能心情不愉快或是在思考某些事情；當一個人眉頭舒展時，則表示對方可能處於心情愉悅的狀態。因此，在日常生活中，如果我們仔細地觀察他人的眉毛變化，便可以讀懂他人的內心變化，從而準確判斷一個人的心理活動和性格特徵。

那麼，哪些眉毛的變化能夠反映他人的心理活動呢？對此，有心理學家為我們總結了以下內容：

▶ 眉頭緊鎖

心理學家分析，當看到對方眉頭緊鎖時，表明對方內心正處於憂慮或是猶豫不決的狀態中。此時，他可能很需要別人的安慰。

比如，趙超的母親最近生病住院了，高額的住院費讓他憂心不已，在上班時他還想著這件事，眉頭一直緊鎖著。與他相處不錯的同事見此狀，走過去對他說：「趙超，你最近是不是遇到什麼事情，需要幫忙的話直接開口，我一定會盡力幫助你。」當趙超說出自己的憂慮時，那位同事直接轉給他一萬元救急。

▶ 眉毛舒展

心理學家分析，眉毛舒展表明對方的心情很好，心情比較愉悅。此時，與對方交流起來也比較融洽。比如，上文的阮丹在按照老闆的要求將方案仔細修改後交給對方，對方看後眉毛舒展，並頻頻點頭，這讓她頓時放了心。果然，老闆看完後對阮丹進行了表揚。

▶ 眉毛揚起

心理學家分析，眉毛揚起分為兩種情況：一種是雙眉上揚，另一種是單眉上揚。雙眉上揚往往意味著一個人的內心處於非常欣喜，或是極度驚訝的狀態；單眉上揚則是表示對方正在思考問題，內心正陷入疑問、不解中。

▶ 眉毛閃動

心理學家表示，眉毛閃動是指眉毛先是向上揚起，然後瞬間落下來，這往往代表對方心情愉快、內心贊同或是對交談對象感覺很親切。比如，沈洋聽剛從外地旅行回來的好友講述各種趣聞時，她的眉毛閃動著，並面露微笑，拉著朋友的手臂對她說：「這麼有意思的旅行，下次一定要帶上我啊！」

▸ 眉毛倒豎或是下拉

心理學家分析，眉毛倒豎或是下拉，表明對方處於極端的憤怒和異常氣憤的情緒中，可能是被人背叛或是被耍了。比如，與丁雷一起合作的夥伴在他遭遇困難時竟然偷偷地撤資了，丁雷得知後暴跳如雷，只見他眉毛倒豎，緊握著拳頭。

▸ 眉毛打結

心理學家表示，眉毛打結是指眉毛同時向上揚起，並且靠得非常近，這表示一個人處於嚴重的煩惱和憂鬱中。比如，在大學畢業後是待在本市繼續工作，還是回老家發展的問題，讓李響陷入了深深的煩惱中，只見他眉毛同時上揚，並且相互趨近。

┨ 不可小覷的鼻子 ┠

【心理學故事】

最近，孫婧與其他同事在聊天時得知，在上下班的途中，總有色狼出沒，經常會騷擾一些女性，聽聞已經有其他公司的女生被騷擾了，那個女生嚇得好幾天都沒有上班。正當她們熱火朝天地討論這件事時，孫婧發現新來的小陳一直默不作聲，鼻尖冒出密密的細汗。

看到這種情況，孫婧猜想，她可能是聽聞這件事感到很緊張，畢竟小陳還是一個實習大學生，這種傳聞可能是第一次聽到，心裡不免有些害怕。為了緩解對方的緊張情緒，孫婧問小陳：「你平時上下班有人陪你一

起嗎？以後要不要和我們一起走？」小陳似乎沒有聽到似的，依然在那裡默不作聲。於是，坐在小陳旁邊的同事就碰了她一下。

誰知，小陳竟然瞪大眼睛，大喊一聲：「不要碰我！」這讓其他同事嚇了一跳，都盯著小陳看。孫婧發現此時的小陳臉漲得通紅，鼻孔擴大。小陳愣了幾秒才緩過神兒來，急忙說：「對不起，對不起，我以為是在地鐵上碰到了色狼。」此時，同事們才知道，小陳曾經遭遇色狼的騷擾。

原來，有一次她下班一個人坐地鐵時，由於地鐵比較擁擠，她特意找了一個角落站在那裡。可後來，由於上車的人比較多，將她擠到了人群中。就在她快要到站時，卻發現身邊一個男生一直在她身後磨蹭著，而且還用手去摸小陳的屁股。這讓小陳感到非常緊張和害怕，她不敢聲張，也不知道該怎麼辦。為了躲避那個人，她只好向門口移動，可那個男生卻再次貼了過來。此時，正好到站了，小陳急忙擠出地鐵門。從那以後，她都不敢一個人坐地鐵了。

聽完小陳的講述，孫婧才明白她為何會有那種異常的舉動。當同事碰她時，她以為自己再次遇到色狼，內心非常恐懼，從而產生了鼻孔擴大的現象。於是，孫婧安慰她道：「別害怕，以後我們一起上下班。遇到色狼一定不要忍氣吞聲，一定要及時打電話報警，學會保護自己。」小陳聽了，默默地點了點頭。

【心理學家分析】

鼻子位於臉部的正中央，提到它，很多人首先會想到它有識別氣味的功能，能夠聞到各種氣味。其實，除此之外，鼻子還有一個非常重要的功能 —— 通過鼻子洞察他人的內心活動，讀懂對方的情緒變化。心理學家經過研究發現，當一個人鼻孔擴大時，則表明對方的內心處於恐懼、害怕

的狀態；當一個人鼻頭冒汗時，則表示對方產生了焦慮、緊張的心理……

為何人的內心變化會表現在小小的鼻子上呢？經過研究發現，這可能與人的生理反應有關。比如，當他人提出要求我們必須回答的問題時，而這個問題又是我們難以給出答覆的，此時，我們內心就會很糾結，產生複雜的想法，從而對鼻子造成壓力，讓其感到不舒服。於是，我們就會用手去摸、揉鼻子，以消除那種不適感。

在日常生活中，我們仔細觀察便會發現：當一個人感到很為難時，他會下意識地捏一下鼻梁。這是因為面對的問題比較困難，鼻梁下的鼻竇位置會產生輕微的疼痛感，如果用手去捏，就能緩解疼痛。一般來說，當人們做這個動作時，常常會長出一口氣，這表明對方感到非常為難和緊張。

鼻子還能反映出人的哪些心理活動呢？在此，我們就來看看心理學家是如何為我們總結的：

▶ 鼻孔擴大

心理學家分析，當一個人情緒比較激動的時候，鼻孔就會擴大。這是因為人們處於緊張的狀態中，呼吸和心律都會加速，從而導致鼻孔膨脹的現象，以便吸入更多的空氣，滿足身體的需要。這表明此人正處於憤怒或是恐懼的情緒中。

不過，有時候鼻孔也會因為興奮而擴大，所以，「呼吸急促」往往表示一種興奮的狀態。與人溝通時，我們要根據所處的環境來做出具體的判斷。

▶ 鼻子皺起

一般來說，當人們聞到一種難聞的氣味時，就會不由自主地皺起鼻子。不過，心理學家表示，如果出現這種動作時，伴隨著嚴肅的臉部表情，則表示對方的內心是蔑視、厭惡的。從根本上來說，這是一種傲慢的

態度，對他人不屑一顧。所以，遇到這種人時，我們應該敬而遠之，不要與其交往。

　　比如，在一些影視作品中，我們常常會看到這樣的情景：不少養尊處優的富家子弟在見到路邊的窮苦百姓時，常常會皺起鼻子，露出厭惡的表情，有時候還會發出「哼」的一聲，以傲慢的姿態走過去。

▸ 鼻尖冒汗

　　心理學家分析，當一個人鼻尖冒汗時，則表明對方比較焦躁和緊張。一般來說，當人遇到危險或是比較緊迫的情況時，內心會因為緊張而導致鼻尖出汗。事實上，當人處於比較緊張的狀況時，身體的多個部位都會有冒汗的現象，但鼻尖冒汗更易被他人察覺。

　　另外，鼻子還有其他一些反應。比如，當人聞到刺激性的氣味或是誘惑性的味道時，鼻子往往會有明顯的伸縮動作，這表明他可能對此很感興趣；如果鼻子不受控制地不斷抽搐，則表明這個人可能正陷入悲傷的狀態中。因此，與人交往時，透過觀察他人的鼻子，我們便能清楚地看到他人的內心活動。

‖ 嘴角間的小祕密 ‖

【心理學故事】

　　李悅與孫淼是多年的好友，但前段時間兩個人因為某件事情有了矛盾。之後，李悅便不再與孫淼連繫，有什麼事情也不願去找她。但最近，

李悅的媽媽因為生病需要住院做手術，而醫院床位比較緊張，一時間沒有多餘的床位，只能在走廊安排一個臨時的床位。但正值冬季，雖然醫院有暖氣，但人來人往的，很亂，讓媽媽無法好好休息。這讓李悅看了非常心疼和著急，不知道如何是好。

此時，李悅的姐姐問她：「你的好朋友孫淼不就在這家醫院上班嗎？能不能去找她幫一下忙呢？畢竟她是醫院的內部人員，可能會幫我們解決這個問題。」李悅不好意思地回答道：「可是，前段時間我和她因為某件事產生了矛盾，最近我都沒有主動連繫過她。」姐姐說：「你不試一下，怎麼知道到底可行不可行呢？」

於是，李悅只好硬著頭皮去找孫淼。當時，孫淼正好在醫院查房，在走廊的過道上，她看到李悅時，嘴角上揚，親切地打招呼道：「悅悅，好長時間不見了，怎麼來醫院了，是身體不舒服嗎？」李悅見孫淼待她還像之前那樣隨和、親切，與孫淼的包容、大度比起來，自己似乎也太小心眼了，就因為一些小事而對她心生芥蒂，還有意與其疏遠。

於是，李悅便將媽媽生病的事情告訴了孫淼。孫淼在聽的過程中，嘴巴張開著。聽完後，她埋怨李悅道：「這種事情你怎麼不早點告訴我呢？還把我當朋友嗎？阿姨生病動手術就需要靜養，住在走廊上多影響休息啊！我這就查查，看看醫院今天有沒有患者出院，把床位給阿姨留出來。」隨後，孫淼檢視了醫院的出院記錄，很快找到了空餘的床位。

【心理學家分析】

眾所周知，嘴巴是傳遞資訊的主要途徑，正因為如此，我們常常會忽略它所出現的一些細微動作和變化。有心理學家表示，嘴巴有時候不用說

出有聲語言，同樣也能表達出內心的情感和變化。與人交往時，我們透過嘴部的細微變化便能發現他人內心的祕密。

比如，上文中的李悅雖然與好友孫淼有矛盾，但孫淼看到好友李悅時，李悅嘴角上挑，依然很親切地與其打招呼，這表明對方是胸襟開闊、寬宏大量的人，不會記恨那些曾經和自己產生過矛盾的人。

那麼，還有哪些嘴部動作和變化，能夠真實地反映出一個人的內心活動呢？在此，我們就來看看心理學家是如何分析的：

▶ 嘴角往下壓

心理學家分析，當一個人嘴角往下壓時，此人的整個嘴部也會出現下垂的動作，這表明對方正處於不良的情緒狀態中，可能是懊悔、悲傷等。雖然他有可能在極力掩飾內心的情緒，但嘴角這個細微動作最終還是暴露出其內心的祕密。比如，安安在考試時因為粗心做錯了一道大題，從而丟了幾十分。在拿到試卷後她懊悔不已，嘴角往下壓。

▶ 嘴角扁平，嘴脣抿成「一」字形

心理學家分析，當發現一個人的嘴角扁平，並將嘴脣抿成「一」字形時，這表明對方可能需要做出重大的決定，或是事態比較緊急。出現這種反應，代表此人正陷入了思考的狀態中。另外，如果習慣性做出這個動作，表明這個人做事情堅持不懈，不畏懼困難，總是迎難而上，所以更易獲得成功。

比如，周陽本打算去找部門經理商量某個問題，可他發現經理正在那裡用手扶著額頭，嘴角扁平，嘴脣抿成「一」字形時，猜想上司可能在思考事情，便沒有上前打擾對方。

▶ 撇嘴

心理學家表示，撇嘴的動作是指下脣向前伸、嘴角向下垂，這往往表明當事人的內心正處於悲傷、憤怒或是不屑等不良的情緒中。比如，美國前總統小布希（George W. Bush）因某事被公眾指責時，嘴角就做出了這樣一個小動作。

▶ 噘起嘴巴

心理學家表示，當一個人的嘴脣向前噘起時，表示當事人可能內心不滿或是持有不同的意見。比如，在開會過程中，我們仔細觀察就會發現，當我們提出某個意見時，如果他人表示不同意，有的人就會噘起嘴巴。

不過，噘起嘴巴，並不是完全表示內心不滿或是不同意某種看法，有時候，有些愛撒嬌的女生也會對男友做出這個動作。

▶ 舔嘴脣

在日常生活中，我們可能都曾有過這樣的經歷：當承受很大的壓力時，我們常常會感到口乾舌燥，就會下意識地用舌頭去舔嘴脣。心理學家分析，當人內心緊張或是感到不適時，也會不斷地舔嘴脣，以此尋找自我安慰，並希望透過這樣的動作來緩解內心的不安。在人際交往中，當我們發現一個人總是不斷地舔嘴脣時，這表明對方可能有些不自信。

▶ 嘴巴緊閉

心理學家分析，當一個人嘴巴緊閉時，往往會給人一種拒人於千里之外的印象。雖然他們看似不想說話，其實內心卻有不良的情緒在湧動，可能正處於憤怒、悲傷等情緒中。

比如，當娟娟正想找同宿舍的小婕講事情時，卻發現她嘴巴緊閉著，

臉帶悲傷。對此,她猜想對方可能遇到了什麼不快的事情,所以話到嘴邊
又嚥了回去。後來,娟娟得知,小婕最近剛與男友分手。

▸ 嘴巴張開

　　心理學家分析,當嘴巴張開時,並不是表示此人要說話,有可能代表
著疑問、驚訝、恐懼等心理。有時候,大笑時也會出現這個動作。比如,
上文的孫淼,在得知好友李悅的媽媽生病住院一事時感到很驚訝,所以在
聽的過程中,嘴巴會不由自主地張開。

▸ 食指放在嘴脣上

　　心理學家分析,當發現一個人雙手交叉相握,並將兩個食指放在嘴脣
上,則表明對方正竭力克制自己的情緒,以讓自己平靜下來,可能有事情
想向他人坦白。如果我們看到他人做這個動作,先不要去打擾對方,更不
要去逼問對方,因為他想好了自然會告訴我們。

　　因此,在人際交往中,我們不要忽略了嘴角間的細微動作變化,因為
它能夠洩漏一個人內心最真實的想法。

‖ 恐懼的微表情 ‖

【心理學故事】

　　張檸是一個喜歡追求刺激的女孩子,每次去某個地方遊玩時,她都要
去玩比較刺激的專案,比如,高空彈跳、「鬼屋」探險等。有一次,她與幾
個好友去日本富士山旅行,在旅行前,張檸就聽聞富士山的「鬼屋」是最

為恐怖的,所以她決定到了富士山要做的第一件事就是去「鬼屋」探險。

當張檸將自己的想法告訴同行的曉婷時,曉婷還沒有聽她說完,眉頭不由得上揚,眉毛稍微扭曲,她立刻不安地說:「你可不要拉上我啊!我膽子出奇地小,你又不是不知道。你可以叫袁偉與你一起去,畢竟他是男生,可能膽子更大一些。」於是,張檸又興致勃勃地去找袁偉。

袁偉聽了張檸的想法後,並不是很想去「鬼屋」,他心裡也有點害怕,因為他聽聞富士山「鬼屋」是相當恐怖的,還被吉尼斯紀錄認定是世界上最大、最恐怖的鬼屋。可是,他又不好意思在女生面前露怯。於是,他故作輕鬆地說:「沒問題,我也想去看看呢。」

當他們幾個人到達日本後,張檸便和袁偉一起去了「鬼屋」。他們剛剛走進門口,裡面的光影效果就讓袁偉有些不寒而慄,他的眉毛不由自主地提升起來,並變得扭曲,眼睛也睜得很大。張檸見此狀,猜測他內心可能有些害怕,便打趣道:「怎麼了,才剛進來就有些害怕了?」袁偉逞強道:「哪有?只是剛進來,有些不適應。」

於是,他們倆接著往裡走,正往前走時,突然從陰暗而血腥的場景中冒出來一個披頭散髮的「鬼」。此時,張檸和袁偉都嚇得尖叫了一聲,她本能地躲在了袁偉的身後,並閉上了雙眼。而袁偉也嚇呆了,心跳得厲害,身體僵硬。

過了好一會兒,袁偉才鎮定下來。他心有餘悸地問張檸:「我們還往裡面走嗎?」張檸雖然也有些害怕,但她還是堅持要往裡面看看。於是,袁偉只好硬著頭皮和張檸接著往裡面走。

正當他們往前走時,一段淒厲、令人毛骨悚然的音樂響起,緊接著,一個喪屍模樣的人突然抓住了張檸的手臂。張檸再次嚇得尖叫起來,而且

身體有些發抖，手心出汗，而身邊的袁偉看著那具「喪屍」頓時嚇得臉上沒有了血色，鼻孔擴大，感覺呼吸都變得困難，豆大的汗珠不斷掉落。那具「喪屍」見此狀，立刻鬆開了張樽。

這次，他們倆都被嚇得不輕，好半天才緩過神過來。此時，袁偉不得不對張樽說：「我們還是別往裡面去了，再進去我可能會被嚇死。」而張樽自己一個人也不敢再繼續前進。於是，兩個人快速返回了入口。

【心理學家分析】

恐懼就是驚慌害怕，惶惶不安，是一種人類以及其他動物共有的心理活動，被認為是基本情緒的一種。從心理學角度來說，恐懼是一種企圖擺脫、逃避某種情境而無能為力的情緒體驗。

著名的生物學家達爾文（Darwin）經過研究發現，哺乳動物的恐懼表情與人類的恐懼表情幾乎是一樣的，在恐懼的瞬間都會表現出「眉梢上揚、瞳孔擴大、眼神發直、嘴巴張大、無意識地驚聲尖叫或呼吸暫停、憋氣、臉色蒼白、表情呆若木雞」。當面臨更大的恐懼後，人們還會出現肌肉僵硬、不由自主地發抖、身上起雞皮疙瘩、直冒冷汗等。與此同時，人體的內臟器官功能亢進、腎上腺素加速分泌、思考變慢或是停滯，也就是我們常說的「嚇傻」了。

而對於一些身體比較弱的人來說，還會出現短暫的昏厥情況。心理學家表示，這種人的心理機制是對恐懼情境的一種快速逃避反應，昏厥過去便什麼都不知道了，恐懼感也就不存在了。另外，有的人在恐懼過後，還會出現選擇性遺忘的情況，只有經過催眠才能喚起這段記憶。

有心理學家表示，由於內心恐懼程度的不同，呈現出來的表情也有所

不同。按照內心恐懼程度的不同，可依次分為輕微擔憂、擔憂、不安、害怕四種狀態。

▶ **輕微擔憂**

當一個人處於輕度擔憂的狀態時，他的表情中只有眉毛和眼睛會流露出擔憂的情緒。此時我們會發現，對方的眉毛雖然沒有大幅度的提升，但其眉頭上揚，眉毛稍微扭曲。心理學家表示，如果眉毛提升或是扭曲得比較厲害，則表明對方可能由擔憂轉為不安，甚至有些害怕。

比如，上文中的曉婷在聽了好友張樟的提議時，內心感到輕微的擔憂，所以還沒有等對方說完，她的眉頭便不由自主地上揚，眉毛稍微扭曲。

▶ **擔憂**

心理學家分析，當一個人的嘴巴輕微閉緊，眉毛皺起，表明對方的內心處於擔憂的狀態中。嘴巴閉緊是在克制自己，而皺眉則代表內心的壓力和關注。比如，老何是一名貨車司機，經常在外面跑車，每次他出門時，妻子都會非常擔憂，送丈夫出門時嘴巴會不由自主地閉緊，眉毛皺起。

▶ **不安**

心理學家分析，當一個人的嘴巴處於鬆弛的狀態，眉毛卻依然扭曲，並且眉頭揚起，這表明對方的內心非常不安，可以用「坐立不安」來形容當事人的心理狀態，比擔憂的程度稍微有些重。

▶ **害怕**

心理學家分析，當一個人的眉毛向上提升並扭曲，眼睛睜得很大，心跳加快、身體僵硬、呼吸變慢等，表明對方的內心非常害怕、恐懼；如果恐懼加強，則會出現短暫的呆滯，此時，對方的臉上沒有血色、呼吸比較困難、

瞳孔放大，就像上文中的張樽和袁偉在「鬼屋」中受到驚嚇時出現的表情。

在日常生活中，我們仔細觀察會發現，在每種情境中，恐懼的程度是不同的，所呈現的表情也是不同的。所以，與人交往的過程中，我們在觀察對方的臉部表情時要注意細微的差別，才能做出準確的判斷。

這才是眞正的悲傷

【心理學故事】

最近，蔣涵與相戀三年的男友分手了，這讓她非常難過，在回家的路上，眼淚就像是斷了線的珠子，大顆淚珠「吧嗒吧嗒」往下掉。在快要到家門口時，為了不讓家裡人擔心，蔣涵刻意地抑制住內心的悲痛，她快速地擦乾眼淚，整理了一下妝容，像沒事似的走進家門。

可是，蔣涵與姐姐打招呼時，她哽咽的聲音和紅紅的眼睛還是「出賣」了她。姐姐感覺很不對勁，她關心地問：「涵涵，你怎麼了？眼睛怎麼紅紅的？」蔣涵不敢與姐姐對視，一邊朝著自己的房間走，一邊回答道：「外面風大，眼睛進了沙子，我把眼睛揉紅了。」蔣涵在說這些話時，為了掩飾自己的情緒，她先潤了潤喉嚨，盡量讓自己的聲音聽起來很正常。

但細心的姐姐還是聽出了破綻，她發現妹妹在說完話後，嘴巴緊閉著，嘴部出現輕微的抖動，而且眉毛有些扭曲。因此，她猜測妹妹可能遇到了非常悲傷難過的事情。所以，她不再追問妹妹，待她進入房間後，她也跟著進去了，並將門輕輕地關上。

待蔣涵坐下後，姐姐走到她跟前，拍著她的背說道：「不要壓抑自己的情感了，想哭就哭吧。今天爸媽都不在家，你哭完之後，再跟我說說你的傷心事吧。」蔣涵聽後，再也抑制不住自己的悲傷，忍不住「哇」的一聲痛哭起來。只見她眉毛扭曲，眼睛緊閉著，嘴角向兩側拉伸，並向下拉低嘴角，在哭的同時，身體還有些抖動。

在痛哭一段時間後，蔣涵的情緒逐漸平穩了下來，然後她告訴了姐姐自己與男友分手的事情。姐姐聽後，安慰她道：「失戀沒什麼，它只會讓你成長得更快，而且在認識新的人之後你會發現，原來還有這麼多比他優秀的男生。所以，你在哭過之後，就要對這段戀情畫上一個句號了，不要再想對方，更不要再為此傷心了。」

蔣涵無奈地說：「但在我腦海中總是想著我們之間的美好回憶，我怎麼也忘不掉。」說完，眼淚又不由自主地掉落下來，她有些失神，似乎在回憶她與男友之間的事情。姐姐見此狀，立刻打斷了她的思緒，說道：「我知道你此時是相當悲傷、難過的，但時間是最好的療傷靈藥，就讓時間來沖淡這段記憶吧。不過，你也要嘗試著開啟內心，去結交新的朋友，才能遇到更優秀的男生。」

蔣涵若有所思地看著窗外，但眼神中依然透露著平靜的憂傷，眉頭間呈現出輕微的扭曲，似乎還沉浸在失戀的痛苦中。

【心理學家分析】

心理學家表示，悲傷是大多數高等哺乳動物都會產生的情緒反應。不過，這種情緒表現在人類身上最為明顯。一般來說，人們的悲傷情緒主要是由於經歷上的挫敗，比如失戀、離婚、親人離世等。在日常生活中，我

們會發現人們處於悲傷的情緒狀態時往往會痛哭，但有時候，有的人會抑制自己的悲傷情緒，不過其內心的「傷」還是會在表情中顯現出來。

悲傷最為典型的反應就是哭。一般情況下，當人感到無力處理某件事時，就會透過哭來發洩內心的悲傷。比如，當小孩子想要買玩具時，就會透過哭來引起父母的注意；當成人感到內心悲傷到極點時，也會忍不住痛哭。因此，心理學家總結了痛哭的表情：

▶ 眉毛扭曲

雙眉會往下壓，眉形趨於平整，但內側會呈現出扭曲的狀態，眉頭間出現縱向的皺紋。不過，有時候恐懼的表情中，也有眉毛扭曲的狀態，但由於過度悲傷會導致眼輪匝肌收縮，所以眉毛會扭曲得更為嚴重。

▶ 眼睛緊閉

眼輪匝肌收縮時，會導致眼瞼的閉合，此時，在眼角內側會形成皺紋，而外側則會由於相互擠壓而形成魚尾紋。眼睛緊閉是由眼輪匝肌收縮和部分皺眉肌收縮共同作用形成的。

▶ 嘴角拉低

當頸闊肌收縮時，會將嘴角向兩側拉伸，從而使嘴部的水平寬度比平時大一些。同時，嘴角也會向下拉低，會露出嘴角位置的下牙齒。此時，下嘴唇會呈現出 W 型，這種口型是人在遭受痛苦時特有的表情。

由於外界刺激的力度和人們控制情緒的程度，可以將悲傷分成不同的等級，比如，憂傷、抽泣、默默流淚、嚎啕大哭等。我們可以透過對方不同的悲傷表情來分析對方的悲傷程度，從而辨識對方真實的心理狀態。對此，有心理學家為我們總結出以下內容：

▶ **憂傷**

　　心理學家分析，對方神情憂傷，表明對方內心很悲傷，可能在想一些不開心的事情，對方可能沒有哭或是已經哭過了，也有可能即將達到悲傷情緒的邊緣。此時，他們的表情會呈現出：眉頭下壓，嘴巴緊閉，眉宇間有憂愁之色。

▶ **抽泣**

　　心理學家表示，當看到一個人抽泣時，表明對方的內心很委屈，可能有些憋屈；雖然他沒有大聲地哭泣，可能是因為內心的悲傷還未達到那個程度，所以默默地抽泣，表明悲傷的情緒是能夠化解的。此時，他們會默默坐在那裡，不停地用紙巾或是手絹拭去淚水，雖然聽不到哭聲，但眼睛是紅的，還會因為哭泣出現鼻子喘息的聲音。

▶ **閉著嘴巴痛哭**

　　有的人會閉著嘴巴痛哭，有的人則會掩口哭泣。心理學家表示，出現這種表情時，除了嘴巴會有明顯的變化外，眉毛會皺起，並向中間聚攏，眼睛緊閉，這表明對方內心的悲傷是難以言說的，在本能地抑制悲傷情緒的釋放，所以會出現閉著嘴巴或是掩口的動作。

　　另外，當人哭完之後，聲音往往是哽咽的，但為了掩飾自己的真實情緒，說話前會先潤潤喉嚨，以讓自己的聲音聽起來很正常。但再多的掩飾也會露出破綻，從顫抖的聲音中，還是能夠辨識出一個人的悲傷情緒的。比如，上文的蔣涵在外面痛哭後回到家中，擔心被家人看到，所以刻意地壓抑情緒，但最後還是被細心的姐姐發現了。

▸ **嚎啕大哭**

　　心理學家分析，嚎啕大哭往往會出現雙眼緊閉、流淚，身體不由自主地顫抖等表現，這是由於刺激的力度過於強烈而導致的。比如突然聽聞親人離世的消息等。

　　因此，我們可以透過觀察他人的悲傷表情，來判斷對方的悲傷程度，從而了解對方的真實情緒狀態。

‖ 心生怒火的微表情 ‖

【心理學故事】

　　吳昊是公司的老好人，脾氣也非常好，經常會主動幫助其他人做一些事情，時間久了，大家都形成了習慣，只要一有事就會找他。比如，當輪到其他人值班時，有的同事就會讓吳昊代替自己；有的同事偷懶不想打掃環境，也讓吳昊幫忙。而吳昊從來就不會推脫、拒絕，只要他人開口，他總是立刻應承下來。所以，大家都稱吳昊是「活雷鋒」。可不承想，這位「活雷鋒」雖然脾氣超好，但也有憤怒的時候。

　　有一天，吳昊所在部門的一位同事在做季度報表，但臨近下班，她依然沒有做完，而今天正好是她男友的生日，說好下班後一起為男友慶祝的。可現如今她還剩下一些表沒有做完，如果加班將其做完，可能還要一個多小時，到時候再過去的話就太晚了。

　　此時，她立刻想到吳昊，便走過去對吳昊說：「活雷鋒，能拜託你幫

個忙嗎?」吳昊微笑著說:「說吧,什麼事?」她說:「我的報表還剩下三分之一沒有做完,但今天是我男友的生日,你能幫忙把剩下的做完嗎?」吳昊立刻答應道:「沒問題,你傳給我吧。」同事立刻感激地說了聲「謝謝」。

　　第二天,那位同事的報表出了問題,有一些數據是錯誤的。只見上司眉頭微微蹙起,問她報表的情況,她立刻推脫責任道:「後來我有事讓吳昊代勞了,是他的問題。」緊接著,上司便開始批評吳昊做事不認真,竟然出現這麼多錯誤。但吳昊看了上司指出的錯誤之處,那些根本就不是他做的。

　　這讓他很憤怒,自己明明好心幫忙,卻要背上這樣的黑鍋,還受到上司的指責和批評。他越想越氣,此時,只見他雙唇緊閉,眉毛下壓,臉色漲成紫色,臉頰的肌肉稍微有些顫抖,銳利的目光射向那位同事。而對方自知理虧,看到吳昊的表情,立刻躲開了他的目光。

　　之後,吳昊再也不在公司中做老好人了,每天他只把自己的本職工作做完就回家,與同事的關係也漸漸冷淡下來。

【心理學家分析】

　　憤怒是一種原始的情緒,在動物身上往往也會出現,例如面對求生、爭奪食物等情況,當牠們自身受到威脅時,就容易憤怒。而作為人類,憤怒是指由於心中極度不滿而導致情緒激動。一般來說,憤怒是人們因為自己的願望難以實現,或是為了達到某種目的而受到挫折時,引起的不愉快情緒。受到的威脅同樣也是刺激源,當人們受到威脅時,內心深處就會產生憤怒的情緒。

那麼，點燃怒火的威脅刺激源來自哪裡呢？對此，有心理學家為我們總結出以下幾點：

▸ 抽象的威脅

心理學家分析，這裡所說的威脅刺激，並不是單純的形式上的威脅，比如口頭警告或是用武器恐嚇等，而是指抽象的威脅，即個人認為可能對其造成傷害的情境。個人會對刺激源是否能對自己造成威脅進行評估，如果認為經過自身的努力能將其消除，則有可能會心生怒火；如果在內心認為自己無法消除威脅，則為恐懼；如果完全不把威脅放在眼裡，則會心生厭惡。因此，是否存在威脅，要根據個人情況來定。

▸ 被否定

心理學家表示，當一個人被他人直接否定，比如被他人說「你不行」、「你太差了」等，或是遭到他人的蔑視、不屑，抑或是挑釁、不尊重等時，都可能引發憤怒的情緒。

▸ 自由受到限制

心理學家表示，當個人的自由受到限制時，就會心生憤怒。比如當孩子想要出去玩耍，卻被父母強行關在房間裡看書、學習，他的計畫被父母的干涉破壞了，就會心生憤怒。

▸ 駕駛的憤怒

這是一種比較常見的憤怒，而且是很容易產生憤怒的情境。對於有開車經歷的人來說，都可能會出現這樣的駕駛憤怒。比如，有的車突然搶道或是該加速時不加速，抑或是轉向時不打方向燈等，都會導致人們憤怒地脫口而出：「你會不會開車啊？」

　　當事故造成損失，即車子出現了刮傷等，涉及理賠、修車等很多麻煩的事情，這是導致個人憤怒的原因，也會直接影響接下來正常生活的安排。

▶ 利益爭鬥

　　心理學家表示，所謂的利益爭鬥，即自己的利益遭到他人的威脅。此時，利益本身只是一種表象，利益受損所代表的未來威脅才是核心問題。比如，某公司的兩個部門去向老闆要預算，在此過程中，不管是兩個部門的負責人使用何種方法，也不管老闆會給出什麼樣的預算結果，只要兩個部門間存在不良的競爭行為，都會引起他們的憤怒。然而，憤怒的根本原因不是老闆批多少預算，他們並不是單純地關心那個數字，而是關心數字背後的競爭結果。

　　經過研究發現，人們的憤怒情緒出現得比較早。嬰兒在三個月大時就出現了憤怒的情緒，這是因為大人們會限制嬰兒探索外界的環境。比如父母會限制嬰兒的活動範圍或是不給他們玩具等，從而引起他們的憤怒。所以，當看到嬰兒哭鬧不已、手腳亂動時，則表明他們可能在發脾氣。

　　而對於成年人來說，由於受到道德規範以及個人修養等因素的影響，憤怒的情緒往往不易被人發現。不過，即使是一個面無表情的人，當其內心燃起熊熊怒火時，我們只要仔細觀察，依然會發現對方憤怒的微表情。

　　比如，上文的吳昊本來好心幫同事的忙，誰知出現問題後，同事卻逃避責任，讓他背黑鍋，雖然他沒有氣憤地指責對方，但他雙唇緊閉，眉毛下壓，臉色漲成紫色，臉頰的肌肉稍微有些顫抖，這表明吳昊心中的怒火已經在燃燒，只是在克制自己不要發作。

　　心理學家總結，一個人的憤怒表情通常會透過眉毛、眼神、臉色、嘴巴等表現出來。

▶ 眉頭緊蹙

心理學家表示，當一個人心中有怒氣並刻意壓抑時，其怒火就會透過眉頭表現出來。比如，眉頭微微蹙起、眉毛下拉、眉毛倒豎等，這表明對方的心中已經燃起怒火，只是受到環境的約束而不便發作。此時，我們應該小心應付，不要將對方的情緒火藥庫「點燃」。

▶ 眼神銳利

心理學家表示，當一個人心生怒火時，我們會發現對方的上眼瞼大幅提升，下眼瞼則會變直，並且緊繃，從眼睛中會射出銳利的目光。所以，當我們看到他人的這種表情時，要注意調整自己的言行方式，以免進一步激怒對方。

▶ 臉色變化

心理學家表示，當人們處於憤怒的情緒中時，可能會因為當時的情境所迫而無法當場發作，此時，對方便會強忍著憤怒。由於強壓內心的怒火，從而對臉色帶來影響，即對方的臉色可能會漲成紫色，即我們常說的「臉都漲成了豬肝色」。

另外，除了臉色的變化，我們還可以觀察對方的臉部肌肉是否處於緊張的狀態。當心中憋著怒氣時，自然就會引起肌肉的緊張和收縮。此時，我們就會注意到對方臉頰的肌肉在微微顫抖，這種微表情代表對方正處於憤怒的狀態中。

▶ 嘴巴緊閉

心理學家分析，由於每個人憤怒情緒的表現方式不同，所以有的人發怒時會氣得罵人，有的人生氣時則會緊閉嘴唇，什麼也不想說，其實，這

表明對方可能是在控制自己的憤怒情緒。此時，對方的上唇會提升，下唇向上，與上唇緊緊地抿在一起，嘴唇變薄，如同拉伸的直線。

因此，在日常交際中，只要我們仔細觀察他人的細微表情，就能推斷出對方是否處於憤怒的情緒中，從而小心應對。否則，對方已經心生怒火了，我們還絲毫不知情，火上澆油，那只會對我們的社交造成負面的影響。

驚訝時的眞實表現

【心理學故事】

最近，梁惠的男友因為工作原因去外地出差一個月，而在這段時間裡，正好有一天是梁惠的生日。之前，男友就曾抱歉地表示，到時候可能無法陪她過生日，但一定會給她送個特別的生日禮物。當時梁惠聽了，心裡不免有些失落。但想到男友也是為了工作，為了他們的將來，內心就稍微好受點。

在梁惠生日的當天，她百無聊賴地窩在沙發中發呆，雖然收到不少朋友的祝福和禮物，但沒有男友在身邊，她還是感到有些孤單和失落，連平時喜歡看的電影也提不起興致看。正當她在冷清的房間中發呆時，男友打來電話。電話剛剛接通，那端就傳來男友的聲音：「親愛的，生日快樂！」梁惠聽了，一點也高興不起來，沮喪地說：「一點都不快樂，你又不在我身邊。」

此時，男友似乎也受到梁惠情緒的影響，嘆著氣說：「我也想在你身邊陪你過生日啊，可是工作讓我無法分身去陪你。」男友頓了一下，接著說：「別不高興了，我快遞了一份特別的禮物給你，你應該馬上就收到了，再等幾分鐘就到了。」梁惠依然興致不高：「什麼特別的禮物啊？」男友故意賣關子回答道：「等你收到就知道了。」

正當他們還在你一言我一語地聊著天時，門鈴響了，男友似乎也在電話那端聽到了，急忙說：「門鈴響了吧，你快去開門吧，可能是我快遞給你的禮物到了。」梁惠只好從沙發中爬起來，一邊接著電話，一邊去開門。當開啟門的瞬間，她瞳孔擴大、眉毛上揚、嘴巴微微張開，臉上露出了微笑：「你怎麼回來了啊？」

只見男友正站在門口，一隻手拿著手機，一隻手捧著花，俏皮地說：「驚不驚喜？意不意外？祝你生日快樂！」此時的梁惠像個孩子似的，立刻撲到男友的懷中，高興地說：「當然驚喜，當然意外了，原來『特別禮物』就是你啊！」說完，她更加開心地緊緊抱住男友，生怕他跑了似的。

【心理學家分析】

驚訝有驚奇、驚異之意，動物與人類都有這樣的表情。對於動物來說，當它們一旦感受到任何風吹草動時，就會立刻透過敏銳的感官來進行綜合判斷，試圖搞清楚所處的環境是否存在危機。此時，它們往往會停止一切活動，將頭部抬高（因為動物大部分的感受器官都集中在頭部），用眼睛、鼻子、耳朵等器官來對周圍的環境進行偵察：附近有沒有危險、它們距離自己有多遠、自己是跑還是對抗……

而這些問題都需要在一秒鐘內得出大概的判斷結果，否則可能會危及

生命。為何反應的時間如此短暫呢？因為一秒的時間足可以讓獵豹逼近35公尺。所以，如果驚訝的時間過長，後果可想而知。

而人類同樣也有這種本能的反應，當感受到意外的刺激時，會停下所有的動作，將身體的感覺器官充分地啟用，以接收盡可能多的資訊，從而決定自己下一步的行動。

心理學家表示，產生驚訝情緒的刺激源比較簡單，即個人預料不到的意外變化。但能夠引發明顯表情變化的刺激源，往往是個人所關心的事情，因此，刺激的力度比較大。比如，喜從天降和飛來橫禍在第一時間都會引發相同的驚訝表情，隨後才會發展成為驚喜或驚恐。

一般來說，驚訝的表情會呈現出：額肌收縮，眉毛向上大幅度地提升，如果是年齡比較大的人，其前額則會產生水平的皺紋，而年紀比較小的人，前額則較為平坦，沒有皺紋；上瞼肌大幅度地提升，眼睛睜大；嘴巴會不由自主地張開，並快速地吸氣。

如果遇到意外之喜，既有驚訝情緒的存在，同時，還會面露笑容，即眉梢上揚，嘴巴輕微張開。比如，上文中的梁惠本以為男友不會回來陪她過生日，卻不曾想，男友為她製造了一份驚喜，所以她驚喜的表情展露無遺：瞳孔擴大、眉毛上揚、嘴巴微微張開，臉上露出了微笑。

在日常生活中，我們常常會看到他人的驚訝表情，而在那些臉孔上所呈現出來的表情都是相同的：眼睛睜大，眉毛抬高，似乎表示難以置信。心理學家分析，人們之所以會睜大眼睛是為了看得更清楚，以獲得盡可能多的視覺資訊，幫助個人判斷刺激源的性質和潛在的影響。而眉毛抬高，則是一種附屬的結果，是為了睜大眼睛而調動額肌，從而讓眉毛大幅度地提升。

比如，玥玥的公司最近新來一位部門經理，當新來的部門經理走進辦公室時，玥玥驚訝地睜大了眼睛，眉毛抬高。原來那位部門經理竟然是她的大學學長，而且她曾偷偷地暗戀過他好長一段時間。

另外，驚訝情緒與其他不同的情緒會有一些組合。在此，我們就來看看心理學家是如何為我們歸納的：

▶ 驚訝轉為厭惡

心理學家表示，驚訝與厭惡可以組合成一個整體的表情。如果我們發現對方的上眼瞼明顯地提高，而且虹膜露出很多，則表明對方有驚訝的情緒。而厭惡的表情則會呈現為：皺眉、比較深的鼻唇溝。當這種表情加入驚訝表情中，就會出現驚訝與厭惡表情的組合。不過，在現實生活中，這種表情是比較細微的，往往不是很明顯，如果不仔細觀察，是很難發現的。

▶ 驚訝轉為悲傷

心理學家表示，在日常生活中，如果我們不慎闖了禍或是聽聞不好的消息，就會從驚訝的表情轉為悲傷。此時的表情往往會呈現為：眉毛下拉，但眼睛睜得很大，這是驚訝的表情；眉毛下拉，嘴角向下撇，則是悲傷的表情。

比如，曉蓉剛剛買了一款新推出的智慧手機，價格非常昂貴，她一直視為寶貝似的，相當愛惜。但一天她下公車時，手機突然從手中滑落，掉在了地上，手機螢幕摔出了一道裂紋。在這一瞬間，只見曉蓉由原來的眉毛下拉、眼睛睜大，轉為眼神中充滿了哀傷，嘴角向下撇。

▸ **驚訝轉為憤怒**

　　心理學家分析，驚訝的表情往往會呈現出：瞪大眼睛，虹膜幾乎全部露出來。但仔細觀察，我們會發現其中也有憤怒的表情：雙眉往下壓，上眼瞼提升。如果看到他人露出這種表情，對方可能會說一句：「你說什麼？」

　　在人際交往中，雖然驚訝的表情呈現的時間比較短，但如果我們仔細觀察，還是會從這一閃而過的表情中發現對方的真實情緒。所以，不管他人的表情如何細微，只要用心觀察，都能看出很多端倪。

如何分辨真假笑容

【心理學故事】

　　周祥是一名市場銷售人員，經常要到外面去尋找客戶，所以他總是會和不同的人打交道。久而久之，周祥很容易從他人的笑容中分辨出對方是否有意購買產品。

　　有一天，當他在一棟辦公室前推銷公司的產品時，一位女士正好路過他的攤位。於是，周祥熱情地迎上去，對那位女士說：「不好意思，能打擾您兩分鐘嗎？」對方的嘴角動了一下，露出一絲微笑，並且眼中閃著光，雖然沒有說話，但腳步停了下來。周祥見此狀，立刻開始向她推銷產品。

　　可是，隨著時間的流逝，那位女士的眼睛不再有光，只剩下嘴角機械

的笑容，而且不時地看著手腕上的錶。周祥見此狀，便立刻結束了推銷，對她說道：「您可能比較趕時間吧，我就不打擾您了。這是我的名片以及產品宣傳手冊，你可以先做一下了解。有需要您可以隨時連繫我，到時候我再詳細地為您介紹。」

說完，他將自己的名片以及產品手冊遞了過去，並送給對方一些小禮品。那位女士禮貌地接了過去，並說了聲「抱歉，今天時間比較趕，謝謝你的禮品」，然後匆匆地離開了。後來，當週祥週末在那裡做推銷時，那位女士再次前來光顧，並讓周祥為自己詳細介紹一下，最終買下了一套產品。

而最近，周祥在某商業區推銷時卻遇到一些不禮貌的顧客。當他在推銷時，有幾個年輕人朝他走來。於是，周祥熱情地上前介紹自己的商品。可對方雖然面帶微笑，但眼珠卻斜向一邊，嘴角也稍微有點歪斜。周祥見此狀，知道對方的笑容有很強的蔑視意味，很瞧不起自己，但他依然不失禮貌地對他們說：「不好意思，打擾了。」然後轉身向其他人繼續推銷。

【心理學家分析】

在人際交往中，笑容是一種不可或缺的表情。笑容有多種類型，有的人會開心地笑，有的人則會無奈地笑，還有的人會冷冷地笑，不同的笑容背後隱藏著不同的含義。有心理學家表示，很多人笑的時候其實內心並不是單純的喜悅，比如，看到朋友或是同事出糗時，會笑得合不攏嘴，或是看到不喜歡的人遇到倒楣的事情時，則會暗暗地偷笑，這是一種不懷好意的笑，具有諷刺的意味和攻擊性。那麼，如何分辨真真假假的笑容呢？

首先，看笑的誇張程度。心理學家表示，如果是「哈哈」大笑，往往

是發自內心的，因為這種豪放而又肆意的笑有損自己的形象，但當事人卻發出如此爽朗的笑聲，則表明對方是真情流露。另外，發出這種笑聲表明此人的身體狀況不錯，而且有良好的心態。

不過，這種笑聲往往具有一種壓迫感。比如，當兩個人在一起時，說起好笑的事情，能夠「哈哈」大笑的人往往是地位比較優越的人，他會不顧及對方的看法，而心理上處於劣勢的人則不會那麼放肆。對方笑的動作比較小，臉有些發紅，這表示此人的內心已經產生興奮感，卻在壓制自己的情感。

當人感覺事情沒那麼好笑或是情緒不佳時，往往會發出「呵呵」的笑聲，以此敷衍了事。很多人在心浮氣躁或是感到疲憊時也會這樣笑。此時，他們的笑容動作幅度比較小，幾乎看不到肌肉的抽動。

經過研究證明，當人的內心產生喜悅感時，會自然地發出笑聲，此時當事人的嘴角會上翹，眼睛瞇起，面部的顴骨主肌和環繞眼睛的眼輪匝肌同時收縮。心理學家表示，這種笑容是真情流露的，不受大腦意識的支配。因此，當人處於心情愉悅的狀態時，嘴角會反射性地翹起，眼睛會變小，眼角產生皺紋，眉毛也會稍微傾斜。

如果是假笑，只會嘴角上提，而眼輪匝肌則不會發生收縮，其動作較為誇張，臉部肌肉會強烈地收縮，整個臉擠成一團，眼睛也會瞇起來，但這些都是假象。心理學家分析，假笑是因為情感的缺乏。因為缺乏情感，所以人們在發笑時神情有些茫然，雖然嘴角上揚，但呈現出一副愉快的病態假象，意思好像是說「這並不是我的真實感受」。

另外，假笑保持的時間特別長，如同戴著一副面具似的。一般來說，真實的笑容持續的時間大概在三到四秒，時間的長短主要取決於感情的強

烈程度。而假笑就像是在聚會後仍然不願離去的客人，讓人感到很彆扭。

　　除此之外，人在假笑時臉部兩邊的表情往往會呈現些許的不對稱。如果是習慣用右手的人，假笑時左邊的嘴角會挑得更高一些；而如果是習慣用左手的人，假笑時右邊的嘴角則會挑得更高一些。

　　其實，辨識謊言最為關鍵的一條線索就是假笑。心理學家表示，說謊的人很少會表現出自己的真情實感，更多的是在掩飾內心的真實想法。所以，當人假笑並提高說話聲調時往往表明對方在說謊。

　　那麼，除了真假笑容外，還有哪些笑容能夠反映出人們的內心狀態和情緒變化呢？在此，心理學家為我們總結了一下：

▶ 苦笑

　　一般來說，苦笑的臉部表情特徵是嘴巴緊閉，臉部肌肉會出現輕微的痙攣。心理學家分析，當人出現這種笑容時，表明對方的心情比較低落而勉強地發出笑容。雖然心情不好，卻表現出一張難看的笑臉，就像是自嘲。

　　比如，王敏週末在家打掃房間時，5 歲的兒子一直跑來跑去，問她要不要幫忙。於是，王敏讓他將自己的玩具整理好。後來，王敏接到快遞的電話便下樓去取，叮囑兒子在家乖乖整理玩具。可是，當她回來時卻發現，兒子竟然將早上的碗筷洗了，正當她感到非常欣慰時，卻發現水槽邊還放著電腦鍵盤和電視遙控器。頓時，她不由地苦笑了一下，但依然表揚兒子：「做得不錯。」

▶ 傻笑

　　心理學家分析，這種笑容大多是在人們看喜劇或是看笑話時會露出的笑容。這種笑容往往難以控制，不需要任何刺激就會出現，而且不帶任何

情緒色彩。一般來說，這種表情往往給人一種呆萌之感，看上去很可愛。比如，雷鳴看著坐在沙發上看電視看得入迷的女兒，不時地發出傻笑聲，樣子非常可愛，禁不住走過去摸著女兒的頭，愛憐地說：「我的傻女兒。」

▶ **冷笑**

心理學家分析，冷笑並非是發自內心的笑，往往是對他人的觀點表示不贊同或是不屑時的表情。有時候，人們露出這種笑容時還會伴有其他肢體動作。

比如，章律師是律師界有名的律師，但最近他接到的一個案子相當棘手，沒有確鑿的證據幫助自己的當事人。辯方律師很清楚這個情況，所以當他們在法庭相見時，辯方律師的眼珠傾斜到一邊，嘴角微微歪斜，冷笑道：「章律師，你有信心打贏這場官司嗎？」

▶ **齜著牙笑**

心理學家分析，齜著牙笑是一種典型的假笑。當他人露出這樣的笑容，並說出「不要為此擔心」或是「這沒有什麼大不了的」等話時，這表明他們的內心想法與其所說的正好相反。

▶ **笑容柔和平淡**

心理學家分析，當看到他人露出柔和平淡的笑容，並且表現出關切的眼神時，雖然他們沒有對我們大加誇獎，但其內心是為我們感到高興的。比如，當肖海在事業上取得成功時，親朋好友都給予其熱烈的讚揚，但他的父親卻在一邊露出柔和而平淡的笑容。肖海見此狀，心裡產生暖意，他知道不善言談的父親也為自己感到高興，父親是相當關心自己的，所有的一切都包含在那柔和平淡的笑容中。

▶ 歪臉笑

　　歪臉笑是指一個人在笑時臉部扭曲，兩邊的臉不對稱。常見的歪臉笑包括嘴角和眉毛揚起，而臉頰兩邊的顴骨肌收縮，臉頰的一邊出現微笑的表情，另一邊嘴角向下，眉頭緊鎖，表現出不悅。此時，兩邊臉呈現出一陰一陽的反差。

　　對此，心理學家分析，這是因為人們在控制自己意識的過程中，一邊臉被成功地調動了起來，出現了假笑的表情，而另一邊的臉則是內心情緒的真實反映。這種表情通常會在西方的電影中看到，它代表諷刺、排斥之意。

臉色變化暴露內心祕密

【心理學故事】

　　週末，馬麗想讓男友彭宇陪她逛街。於是，她打電話給男友說了這件事，可彭宇聽後，在電話那端「抱怨」道：「你怎麼不提前說呢？昨天好哥們董浩已經和我約好今天要去釣魚，真是太不湊巧了。」馬麗知道董浩是男友的多年好友，關係很好，心想既然人家已經有約在先，自己就找閨密去逛街吧。於是，她對男友說：「那你們好好玩吧，我再找其他人。」

　　但當馬麗與閨密逛街時，卻在路上碰到了董浩。於是，馬麗與他打完招呼後，不解地問道：「你昨天不是和彭宇約好了今天去釣魚嗎？怎麼現在還在這裡呢？」董浩一臉驚訝，停頓了幾秒鐘，對馬麗說：「是啊，是

啊，我昨天就和他約好了去釣魚的，但臨出門時，卻發現還少了一些漁具，所以我到街上看看有沒有賣那種漁具的。」

說完這話，董浩低著頭，臉變得有些紅。馬麗見此狀，猜想董浩可能在替自己男友圓謊，於是，她故意詐他說：「彭宇家中不是有齊全的漁具嗎？你直接用他的就好。」董浩立刻接話說：「是啊，是啊，那我不買了，直接用他的就行。」說完後，他的臉變得更紅了。

這時，馬麗斷定董浩在為男友圓謊，因為男友家中的漁具早就壞了，一直說去買都沒買。董浩如果沒有和自己的男友約好去釣魚，根本就不知道這種情況。

為了不當場揭穿男友，也為了給董浩留面子，馬麗便不再說什麼，和董浩告別之後，她去了男友家。進門之後，馬麗才發現，原來男友不願陪自己逛街的原因是躲在家中玩遊戲，這讓她很生氣。

彭宇見到馬麗，臉色有些發白，緊張地說：「你怎麼突然來我這了，怎麼不事先打個電話呢？」馬麗聽了，氣得滿臉通紅，質問道：「你怎麼撒謊騙我呢？你不是說去和董浩釣魚了嗎？原來是躲在家中偷偷玩遊戲。」男友自知理虧，只好連忙向馬麗道歉道：「別生氣了，都是我不好，不應該撒謊，下次一定陪你去逛街。」

【心理學家分析】

中醫認為：「有諸於內，必形於外。」當人的內在出現病變時，必然會在體表反映出來，而臉色就是體表的反映之一。同時，臉色也能夠反映出人們的內心活動和情緒變化。心理學家表示，與人交往，要想知道對方在想什麼，就要學會觀察對方的臉色變化，因為一個人的臉色是難以隱藏

的，而且這種變化維持的時間也比較長。所以，透過仔細觀察他人的臉色，就能看穿對方的內心。

人的臉部是內心活動和個性特徵的顯示器。在臉上，我們很容易辨識出膽怯、不滿、憎恨等情緒。比如，臉紅是代表情緒變化的最為常見的一種表情。心理學家表示，一般情況下，臉紅往往表示當事人產生了害羞、激動、興奮、憤怒等情緒。所以，我們可以透過觀察對方的臉色變化來推斷其內心活動。

心理學家經過研究發現，臉紅是受大腦神經控制的，而人的視覺、聽覺、嗅覺神經中樞都集中在大腦個別區域。通常來說，當人們看到或是聽到讓自己感到害羞、激動、憤怒的事情時，眼睛和耳朵就會將這些外界資訊傳遞給大腦皮層，大腦在受到刺激後會立即做出相應的反應，分泌出腎上腺素，而腎上腺素則會導致身體的血液更多地集中在臉部，因此，人的臉就會變得通紅。

不過，在不同的環境中，不同的情緒所產生的臉紅現象也有細微的差別。對此，心理學家建議，想要準確地分析他人臉色的真實原因，還要根據具體的環境而定。比如，當我們第一次與人見面或是剛剛進入一個陌生的環境時，由於所處的環境不熟悉或是參加比較重要的活動，我們可能會不由自主地產生焦慮或是激動的情緒。這種情緒往往會導致人體的交感神經系統興奮，從而導致人的心跳加快，血液集中在臉部，微血管擴張，結果出現臉紅的表情。

另外，當我們遇到尷尬的事情時也會不自覺地臉紅，這是一種條件反射，是因為緊張而導致的。除了臉紅之外，還會伴隨著其他表情變化，例如臉上出汗等情況。

比如，小美在逛商場時，突然感覺肚子有些痛，於是她急忙去找洗手間。可是，由於她過於心急，也沒有抬頭仔細看，直接跑進旁邊的一個洗手間中。但迎面卻走來兩個男生，這讓小美頓時很尷尬，臉紅不已，而且臉上還冒出密密的細汗。

如果人們因為害羞而臉紅，往往會雙頰微紅；當處於憤怒的情緒中，則是滿臉通紅，同時還會出現咬牙切齒的動作。

在現實生活中，我們仔細觀察會發現，很多人說謊時也會臉紅。心理學家表示，人們在說謊時之所以會臉紅，是因為道德底線在發揮作用。當人說謊時，心理上往往要承受一定的壓力，心中的道德底線也會發出「警告」，提醒自己不能做出欺騙他人的行為。因此，當人因為說謊而為自己的言行感到羞愧時，就會不由自主地臉紅。而臉紅則會導致說謊者因為心理緊張，而難以繼續說謊，或是透過繼續說謊來掩飾內心的緊張。但由於他們的情緒處於緊張波動當中，所以，可能會被對方識破。比如，上文中的董浩在說謊時臉色變得通紅，當馬麗故意詐他時，他的臉色變得更紅了。

那麼，除了臉色變紅之外，還有哪些臉色變化能夠暴露一個人的內心祕密呢？在此，我們就來看看心理學家是如何為我們歸納的：

▶ **臉色灰白**

心理學家分析，與人交談時，當發現對方的臉色變得灰白時，則表明對方的情緒處於比較低落或是鬱悶的狀態中。比如，當珊珊問同桌這次期末考試考得怎麼樣時，只見他臉色灰白，眼睛無光。珊珊見此狀，猜測對方可能沒有考好，所以心情比較低落，便立刻轉移了話題。

▸ **臉色發青**

　　心理學家分析，當發現一個人臉色發青時，表明他可能因對別人感到不滿而即將發怒。比如，當袁偉正在排隊買東西時，突然，兩個女生說說笑笑地走了過來，並直接插到了袁偉的前面，這讓袁偉很無語，臉色發青，但沒有說什麼。

▸ **臉色在紅色、青色之間不停變換**

　　心理學家分析，當一個人的臉色在紅色、青色之間不停地變換，甚至還有些蒼白時，則表明對方的情緒正處於極度的氣憤中。比如，姜東非常愛玩遊戲，常常因為玩遊戲而不做作業，而且每次考試排名都是倒數。對此，他的媽媽很生氣。有一次，姜東因為玩遊戲竟然兩天都沒回家，他的媽媽在網咖找到他時非常氣憤，只見媽媽的臉色在紅色、青色之間不停變換，而且還有些蒼白。這讓姜東看了，不免有些害怕，因為他從來沒有見過媽媽如此氣憤。

　　因此，在人際交往中，想要了解他人的內心活動和情緒變化，不妨仔細觀察對方的臉色變化，從而洞悉對方的心理狀態。

Part 2
眼睛暴露你的內心

　　當一個人受到強烈的視覺刺激後，情緒會變得高漲起來，即使他表面上裝得比較鎮定，但瞳孔卻能夠在瞬間反映出其內心的變化，不差分毫地洩露出對方的真情實感。

╫ 頻繁眨眼的背後 ╫

【心理學故事】

夏鵬的爺爺是一位老兵，雖然他年事已高，但對以前的事情卻記得很清楚，尤其是他參加戰爭時的往事。可是，讓夏鵬感到好奇的是，爺爺從來不會主動講述那段往事，只有他人問起時，爺爺才會說，但似乎總是刻意迴避一些內容，而且有些激動和緊張，會頻繁地眨眼睛。

有一次，家裡有客人來訪，提及爺爺之前的事情，爺爺簡單地說了幾句。當客人再次問一些詳細的情況時，坐在爺爺身邊的爸爸找了一個話題岔了過去，這讓夏鵬更加感到好奇。當爺爺不在家時，夏鵬不解地問爸爸：「為什麼每次有人提到爺爺的往事，爺爺似乎總是避談一些事情呢？明明他對那些事情記得很清楚啊！」

爸爸嘆了一口氣說：「這是因為在那個時候，你爺爺經歷了一件相當痛心的事情。當時，你爺爺參加戰爭，你的大爺爺和三爺爺也和他一起。但在一場戰鬥中，你的大爺爺和三爺爺，也就是你爺爺的哥哥和弟弟不幸戰死沙場，這讓你爺爺相當傷心和難過。之後，他雖然對這段往事記得異常清楚，卻不願再提及。」

從那之後，夏鵬發現，即使爺爺有時候內心極度悲傷，也從來不將此事掛在嘴上。只要有他人問起時，他說起這段往事就會相當激動，並且會頻繁地眨眼睛，每次眨眼睛都是在 3 秒以上才會睜開。此時，夏鵬深知，爺爺是對死去的兄弟有著深深的思念之情，同時，內心也充滿了悲傷。如果夏鵬看到這種情況，就會找個話題岔過去，以免讓爺爺陷入悲傷的情緒中。

【心理學家分析】

心理學家表示，一個人頻繁眨眼睛並且時間間隔有所延長，則表明對方的內心有很大的遺憾，或是沒有完成的事情，但是這件事情往往是個人不願提及的，也是無法實現的，或是對逝去的親朋好友的一種緬懷之情。

有研究發現，一個人在一生當中平均要眨眼 4.15 億次，而人平均每天眨眼大概有 17,000 次。當一個人在放鬆的狀態中，每分鐘會眨眼 6 ~ 8 次，每次眨眼時，眼睛閉上的時間僅有 1/10 秒。可是，當兩個人在一起溝通交流時，人們平均每分鐘眨眼是 15 ~ 20 次，每次眨眼的時間是 0.3 ~ 0.4 秒。

一般來說，正常人的眨眼是一種非條件反射，是先天性的、不需要後天學習，而形成的一種生理本能行為。從生理角度來看，眨眼是在均勻眼內的液體，以滋潤眼球。

在日常生活中，如果人們對某件事情感興趣，會目不轉睛地盯著看，而且會「撲閃撲閃」地眨著眼睛，想要看清楚、弄明白；如果人們對某些事物不感興趣，眼睛則會閉多睜少，即想將眼睛閉上。因此，心理學家表示，眨眼睛往往能夠暴露出一個人的內心活動。

有心理學家曾做過這樣一個實驗：從參加某學科學考察試的學生中，選擇 10 個考試作弊的學生和 10 個沒有作弊的學生，然後將他們全部隔離，進行三分鐘的詢問。

實驗結果發現，在剛開始接受詢問時，沒有作弊的學生眨眼的頻率有明顯增加的現象，但隨著詢問趨於結束，他們的眨眼頻率便會有所降低；而作弊的學生在一開始接受詢問時，眨眼的次數會在明顯的控制下減少，眨眼的頻率也比較低，但隨著詢問的深入，他們的眨眼頻率會大幅提升。

　　對此，心理學家表示，之所以會產生這種現象，是因為沒有作弊的學生在接受詢問時會感到很突然，而且有些意外，從而導致他們變得緊張，在一開始時眨眼的頻率增加比較明顯。而隨著詢問接近尾聲，他們的心態就會漸漸恢復正常，眨眼的頻率也會降低。作弊的學生往往會為了逃避責罰而有意撒謊，所以在接受詢問時會刻意地保持冷靜，有意地控制眨眼的頻率。可隨著詢問的深入，眨眼的行為很難長時間地受到意識的控制，所以，眨眼的頻率就會大幅提升。

　　的確，當一個人說謊時，眨眼的頻率剛開始會比較低，這是因為對方想要保持冷靜，以讓自己看上去「不留痕跡」。可是，人一旦說謊，就會控制不住內心的焦慮情緒，會不由自主地快速眨眼睛。所以，眨眼的頻率就會先慢後快，這是典型的說謊標誌。

　　比如，在 1992 年，「金融天才」喬治・索羅斯（George Soros）在狙擊英鎊時，他發現英國首相梅傑（Major）在發表電視講話時不斷地眨眼睛，而且是先慢後快，所以，索羅斯斷定梅傑在說謊，他是不會捍衛英鎊幣值穩定的。果然，索羅斯的判斷是正確的，當時他一下子賺了 10 億美元。

　　除此之外，還有哪些眨眼線索能夠暴露出人們的真實內心呢？對此，有心理學家為我們總結出以下幾種情況：

▶ 眨眼頻率不斷上升

　　心理學家分析，當與他人溝通時，對方眨眼的頻率不斷上升且眼神閃爍不定，表示對方對所談的話題有比較濃厚的興趣。比如，在某次會議上，小李提出了一個創意，他發現部門的上司和同事都在專心地聽著，並且他們的眨眼頻率不斷增加。因此，小李知道他們對自己的創意很感興趣，於是會更加有信心地講下去。果不其然，大家一致透過了小李的創意方案。

▶ 眨眼的間隔時間過長

　　心理學家分析，當與他人進行溝通、交流時，如果對方感到厭煩且毫無興致，眨眼的間隔時間就會延長，即每次眨眼時眼睛都會閉上 2 ～ 3 秒，甚至是更長的時間，這表明對方不願再繼續交談下去，希望講話者停下來。如果與人談話時，一個人的眼睛一直緊閉著，表明對方完全不想看見講話者，此時，談話應該就此打住。

　　比如，楠楠經朋友介紹認識了一個男孩，但與男孩交往幾次後她發現，自己與對方的價值觀完全不同。所以在他講話時，楠楠都感到很厭煩，會不由自主地眨眼，甚至會閉上眼睛，不願再聽下去。因此，沒過多久，楠楠便不願再與對方來往。

▶ 微笑著眨眼睛

　　心理學家分析，眨眼時面帶微笑，表明對方很有自信。一般來說，這種人善於向他人展示自己的魅力，特別是男性，會在潛意識中認為自己非常有魅力，所以才會肆無忌憚地在他人面前表現自己。即使他們在別人的眼中並沒有多少吸引力，但他們依然非常自信。當他們與認識的人相遇，並微笑著眨眼，與對方打招呼時，如果獲得對方的積極回應，他們就會感到更加自信。

▶ 眨眼的次數過於頻繁

　　心理學家分析，如果一個人眨眼睛的次數過於頻繁，表明對方的內心非常緊張，自然做事情也會事倍功半。有心理學家曾對此做過專門的研究：當兩個人在臺上演講時，一個人的演講非常流暢，而且表現得落落大方，眨眼的次數是每分鐘 50 次；而另一個人在演講時結結巴巴，汗流不止，眨眼的次數是每分鐘 105 次。在演講結束後，心理學家詢問兩人得

知：前者經常參加演講，所以內心並沒有感到太緊張，而後者則是第一次
演講，其緊張程度自然非常嚴重。

眼球轉動暴露內心祕密

【心理學故事】

　　姜慧是一名商業談判人員，經常會與他人談判收購的交易。讓很多同
事感到好奇的是，只要姜慧所談的業務，總是能夠順利地拿下，所以，他
們都稱姜慧是「談判達人」。最近，姜慧又要去一家醫院進行收購談判。
於是，新來的同事小賀想藉此機會學習姜慧的談判「祕訣」。

　　她向姜慧請求道：「姜姐，這次談判您能帶我去嗎？讓我看看您的談
判『祕訣』是什麼？」姜慧笑著說：「可以啊，不過我其實並沒有什麼祕訣
可言，關鍵是善於觀察對方細微的表情和反應。」小賀聽後還是不明白姜
慧所說的意思，不過，一想到能親眼看見「談判達人」的談判過程，小賀
還是很開心的，心裡想著到時候一定要好好學一下。

　　這次姜慧的談判對象是一家經營慘澹的私人小醫院，在談判的過程
中，姜慧發現老闆虛構了很多資訊，而且一開口就要價非常高，這與她事
先的調查有很大的出入。於是，姜慧開始向老闆發問：「當你接手這家醫
院時，每年的毛收入大概有多少呢？」

　　此時，姜慧發現老闆的眼球先是轉動到左邊，然後又轉向右邊，緊接
著，他回答道：「大概是 130 多萬。」姜慧見此狀，直接說道：「您報的數

字可能太高了吧,實際的收入是多少呢?」老闆聽後尷尬地笑了笑,眼球迅速轉到了左邊,在短暫地停留後,又回到原來的位置,然後回答道:「大概是 80 萬左右。」姜慧看了看自己的調查數據,這與自己所調查的情況基本相符。後來,在一番談判後,姜慧以理想的價格成功收購了這家小醫院。

但坐在一旁的小賀卻非常不解,在回去的路上,她向姜慧請教道:「姜姐,您是如何辨識老闆的虛構資訊和報價過高呢?」姜慧回答道:「當我向他發問時,你有沒有注意到老闆的眼球先是轉動到左側,然後又轉動到右側。轉動到左側,這表明他是在回憶真實的情況和數字,而後他的眼球又轉動到了右側,這表明他可能回憶起真實的情況和數字,但由於收入太低,說出來會影響收購價格,所以他準備撒謊,隱瞞真實的情況,並虛報了收入。」

姜慧頓了一下,接著說:「當後來我問他實際收入時,他的眼球迅速地轉到了左側,並作短暫的停留,然後回到了原來的位置,並很快做出了回答。而他的回答與我調查的基本相符,所以表明他說的是實話。」

聽了姜慧的詳細解釋,小賀這時才明白她所說的「談判時關鍵是善於觀察對方的細微表情和反應」的含義。

【心理學家分析】

心理學家經過長期的研究發現,眼球轉動往往會暴露出人們的內心祕密,在與人交往時,透過他人的眼球轉動情況能夠捕捉到對方很多內心世界的資訊。美國著名的心理學家大衛・李教授研究發現,對於大多數人而言,當大腦進入搜尋的狀態時,即人們在回憶真實發生過的事情時,眼球

會向左轉動；如果對方在編造一件未曾發生的事情或是不存在的事情，眼球的轉動方向則是相反的，會向右轉動。這表明此人的回答極有可能是在說謊。

有研究人員曾做過這樣的實驗：首先，他們邀請 20 名參與者，在放鬆的狀態下分別將眼球轉動到左側和右側，然後讓他們隨機說出出現在大腦中的任何事情和想法。

實驗結果發現：眼球轉動到左側時，有 19 名參與者所說的內容都是與過去相關的，僅有 1 人所說的內容指向有些不明顯；而眼球轉到右側時，有 17 名參與者所說的內容都是與未來有關的，3 個人所說的內容指向不是很明顯。

當我們的眼球轉動到不同的方位時，由於看到的事物不同，對大腦的刺激也不同，內心會隨之產生不同的變化和差異。這如同生活中常見的鏡頭，鏡頭在轉動時會拍攝到不同的區域，所獲取的資訊也有所不同。因此，有心理學家表示，眼球是人們內心活動的顯示器。換句話說，當人產生不同的內心活動或是進行不同性質的思考時，眼球轉動就會發生相應的變化，而且是不受人的意識控制的。

那麼，眼球轉動能夠暴露出人們內心的哪些祕密呢？對此，有心理學家為我們總結了以下幾種情況：

▶ **眼球處於起始狀態，一動不動停在正中間**

心理學家分析，當我們與人溝通時發現一個人的眼球處於這種狀態，表明此人的思想指向當前的事物，對當前活動有控制、支配以及自信的態度。透過觀察我們會發現，當他人自信滿滿地說話時，其眼球經常處於起始的狀態。比如，負責市場調研的白斌在深入調查之後，果斷地做出了決

定，當他說出這個決定時，眼球處於起始狀態，一動不動停在眼眶正中間。

▶ 眼球向右側轉動

心理學家分析，當溝通過程中發現對方的眼球向右側轉動時，則表明此人在推理、分析、思考，對尚未發生的事情進行想像和憧憬。經過觀察我們會發現，當要求他人展望未來時，對方的眼球會不由自主地向右側轉動，這表明對方的內心正在思考尚未發生的事情。比如，在教室中，老師讓肖強描述一下自己十年後的樣子，只見肖強眼球向右側轉動，在想像一番後，開始講述十年後的幻想情景。

▶ 眼球向上轉動

心理學家分析，當我們與人溝通時發現對方的眼球向上轉動，則表明對方所說的話有些違心。一般來說，當兩個人溝通時，目光往往是平視對方的，這會讓彼此都能獲得尊重，也會體驗到談話的真誠。可是，如果我們與對方談話時，發現對方眼球向上轉動，表明此人可能不想看到我們，或是不能坦誠地面對我們，所以，他所說的話也就有些違心或是在撒謊。

比如，在地鐵上，一名男乘客因為睡覺占用多個座椅，旁邊的一位年輕人便客氣地讓其起來，給其他人讓座。可對方不僅不聽勸，還對那名年輕人破口大罵。其他乘客見此狀，都力挺那位年輕人，紛紛指責男乘客的不是，並讓其道歉。那名男乘客見對方人多勢眾，也自知理虧，只好向那位年輕人道歉。但在道歉時，他的眼球卻向上轉動。這讓有的人看後很無語，嘀咕道：「這人太不真誠了，道歉也不發自內心。」

▶ 眼球向下轉動

心理學家分析，與人溝通時眼球向下轉動，則表明當事人感到不好意思或是有些羞愧。一般來說，當人感到尷尬或是內疚時，眼球就會不由自

主地向下轉動，視線也會離開交談對象，而關注自己身體的某個部位。這表示此人是在重新審視自己或是自我安慰。

比如，當孩子犯錯誤時，父母對其進行批評後，雖然他們嘴上有些不服氣，但眼球會不由自主地向下轉動，並且低著頭。這表明他們已經認識到自己的錯誤，並且在自我反思，但嘴上卻不願承認自己的錯誤，可能承認錯誤會讓他們感到沒有面子。所以，當父母看到孩子這個細微的反應時，應停止批評，進行積極的引導和教育。

可見，眼球的轉動方向能夠直觀地反映出人們最隱祕、最豐富的心理資訊，並且暴露出一個人的真實想法與情緒。所以，在人際交往中，如果我們能夠充分利用這一點，就能洞悉他人內心的祕密。

瞳孔變化會「出賣」內心

【心理學故事】

賈薇與丈夫已經結婚 10 年了，在外人眼中，他們是一對恩愛的夫妻。的確，丈夫事業有成，是某公司的高層主管，而她自己則是一名心理醫生，他們的孩子學習成績也相當棒，每次考試都是名列前茅。因此，很多人都羨慕賈薇，說她是一個幸福的女人。可對於賈薇來說，她卻感到丈夫對自己越來越冷漠，感情也越來越淡薄。因此，賈薇懷疑他們之間可能出現了第三者。

有一次，丈夫的公司舉行宴會，公司要求每個員工都要攜帶家屬出

席。為了能夠在他人面前展現自己的風采，賈薇在家中選了半天的晚禮服。當她讓丈夫給個建議，問丈夫哪件衣服更好看時，丈夫面無表情地說：「哪件都可以，我們又不是宴會的主角。」當賈薇再次詢問丈夫的意見時，她發現對方的瞳孔在縮小。身為心理醫生的賈薇頓時明白，丈夫此刻的內心是非常不滿的，而且根本不把自己穿哪件衣服放在心上。這頓時澆滅了賈薇參加宴會的熱情，她心情失落地隨意挑選了一件，就與丈夫一起出門了。

在宴會上，賈薇黯然神傷地坐在一邊，但丈夫根本不理會她。此時，一個年輕漂亮的女人坐在了賈薇鄰桌的位置上，她看到賈薇的丈夫後，立刻起身熱情地打了招呼。賈薇發現丈夫在與那個女人聊天的過程中，瞳孔比平時放大了兩倍，而且視線一直停留在對方的身上。基於此，賈薇明白丈夫非常喜歡那個女人，與對方聊天讓他處於一種興奮的狀態，這讓賈薇更加堅定了自己之前的猜測，那名年輕的女性可能就是他們之間的第三者。

正當賈薇陷入沉思中，旁邊幾個人在竊竊私語道：「你瞧，今天周總監的助理真是搶盡了眾人的風頭，打扮得那麼漂亮，而且一直與周總監在那裡熱絡地聊著，不知道今天周總監的妻子有沒有來呢？」那人一邊說著，一邊看向那個年輕漂亮的女人。另一個人聽後，也附和道：「是啊，這助理真是太過分了，平時就不注意自己的行為，與周總監走得也太近了，讓人不得不懷疑他們之間的關係。」第三人聽後也小聲嘀咕道：「之前有好幾次都看到周總監開車送她呢！關鍵是兩個人根本不順路啊。」

賈薇聽了，知道她們是在議論自己的丈夫，因為丈夫前不久才坐上總監的位置，而且也聽他提起過公司配給他一個助理。此時的賈薇心情跌到谷底，再也無心參加宴會，她沒有跟丈夫說一聲，就黯然離開了。

【心理學家分析】

　　有心理學家表示，當一個人處於興奮、愉悅、喜愛的情緒中時，瞳孔就會擴大；反之，當一個人的情緒處於厭惡等消極的狀態中時，瞳孔會收縮得很小；如果瞳孔沒有任何變化，則表示此人對他所看到的事物漠不關心或是感到很無聊。因此，瞳孔的變化能夠「出賣」人們的內心活動，透過觀察瞳孔的變化，我們可以準確地捕捉到對方內心世界的變化。

　　特別是在兩性關係上，要想知道一個男性是否對一個女性有好感，觀察其瞳孔便能清楚地了解對方的真實內心活動。當兩人在交談時，如果男性的瞳孔放大，則表明他對女性非常有好感，非常享受當前的談話氛圍。

　　眼睛中的虹膜成圓盤的形狀，中間位置則有一個小圓孔，這個小圓孔就是瞳孔，也被稱為瞳仁。它就像是照相機中的光圈一樣，能夠隨著光線的強弱變大或是縮小。的確如此，在日常生活中，如果看到一些刺激性強的事物，不管是處於興奮或是恐懼的狀態中，我們的瞳孔都會變大；反之，如果看到一些令人心煩的事物，瞳孔就會縮小。

　　因此，有心理學家表示，瞳孔是無法說謊的，因為它受神經系統的直接支配，人們是無法控制自己瞳孔的變化的。當一個人受到強烈的視覺刺激後，情緒會變得高漲起來，即使他表面上裝得比較鎮定，可瞳孔卻能夠在瞬間反映出其內心的變化，能夠不差分毫地洩露出對方的真情實感。

　　比如，在阿拉伯國家，我們會發現這些國家的很多名流政要，在出席某些重要的場合時，都會戴上墨鏡或是深色的眼鏡，以防止他人從瞳孔的變化中獲得其內心活動的資訊。

　　瞳孔不僅會隨著周圍環境的明暗發生變化，還會受到對目標關心和感興趣程度的影響。有心理學家曾做過這樣一個實驗：他們隨機邀請了一些

男性和女性作為實驗對象,讓他們看幾幅圖片,分別是一個裸體的女人、一張媽媽懷抱嬰兒的合影、一幅風景圖。實驗結果發現:參加實驗的男性在看到裸體女人的圖片時瞳孔會明顯地擴大;參加實驗的女性,特別是有孩子的女性,看到媽媽懷抱嬰兒的圖片時,瞳孔也會變大;而不管是男性還是女性,在看到風景圖時瞳孔都沒有什麼變化。

在商業領域,很多商家會透過瞳孔的變化來對人的情緒施加影響,從而有利於商品促銷。商家為了招攬更多的顧客,會將廣告海報中的模特兒的瞳孔修改得很大,以此增加模特兒的吸引力,提高商品的銷量。

透過眼神來識人

【心理學故事】

在一場應徵會上,某公司的應徵攤位前來了很多應徵人員。經過幾輪的面試之後,僅有兩個面試者留到了最後。他們都是名牌大學畢業的,而且在面試的過程中表現得很不錯。在最後一輪面試中,面試官開始考察他們的實踐能力。

在第一個應徵者落座後,面試官單刀直入地問道:「請你講一下,你有哪些實踐經歷呢?」聽完面試官的問題,那名面試者眼神堅定地看向前方,娓娓道來:「曾在學校中擔任學生會的主席,而且多次組織學生們參加一些有意義的活動,比如知識競賽、辯論賽等;還曾在一些公司實習過,做得比較出色,並且受到主管老闆的青睞。」面試官聽著應徵者的敘述,頻頻點頭。

接著，面試官開始對第二位應徵者進行面試，所提的問題是同一個，也是讓對方講述自己有哪些實踐經歷。面試者聽完問題後，便開始滔滔不絕地講述：「我在上大學時參加過很多實踐活動，比如組織學生文藝表演、編輯學校的校刊和雜誌等；還曾在一些報社實習過，有過外派記者的經歷。」

但面試官注意到，雖然他講述自己的實踐經歷時似乎信「口」拈來，但他的眼神卻飄忽不定，眼睛轉動的速度比說話的速度還快，而且說話也沒有底氣，讓人聽起來沒有一點可信度。因此，面試官判定，他可能是在講述一些與自己無關的事情，可能是看到其他人的實踐經歷而將其背了下來。

於是，面試官決定錄取第一個應徵者。其他面試官不解，同樣都是名牌大學畢業的人，為何只錄取一個呢？這位面試官解釋道：「第一個面試者在講話時眼神非常堅定，敘述自己的實踐經歷時，也充滿了說服力和感染力。另外，從他堅定而沉著的眼神中，也能看出他是一個誠實可靠的人。而第二個面試者在講述的過程中，其眼神飄忽無根，說話底氣不足，沒有任何的可信度。從他的眼神可以看出對方不管是在生活上，還是事業上都很難達到既定的目標。」

果不其然，第一個面試者被這家公司錄取後，他在工作上表現得很棒：做事認真，從來不會弄虛作假。在公司做了三個月後，就因為出色的表現而被主管提升為部門小組長。

【心理學家分析】

一位著名的人力資源專家曾說：「一個誠實的人的眼睛是自信的，說謊的人的眼角，會不自覺地往上翹或者眼睛轉動速度比說話的節奏快。」

因此，很多企業主管在面試時都會透過眼神來判斷面試者是否在說謊。

有心理學家表示，透過眼神往往能夠準確地捕捉到對方的內心活動，而觀察一個人的眼神，甚至可以辨識一個人品質的好壞。正如孟子所言：「存乎人者，莫良於眸子。眸子不能掩其惡。胸中正，則眸子瞭焉；胸中不正，則眸子眊焉。」這段話的意思是說，想要判斷一個人的心術是正是邪，透過眼神就能看得很清楚。

在社交場合中，與人溝通交流時，如果我們想要洞察他人的內心，不妨仔細觀察一下對方的眼神，透過眼神便能發現他人的心理活動和情緒變化。對此，有心理學家為我們總結了以下幾種眼神及其心理意義：

▶ 眼神好像在冒火

心理學家分析，與人交流時發現對方的眼神好像在冒火，則表明對方此時已經是怒火中燒。如果我們不打算與其決裂，就應該及時地妥協，否則，再緊逼一步，就會發生正面的衝突。

▶ 眼神恬靜並且面帶笑容

心理學家分析，當與人交談時，發現對方眼神恬靜並且面帶笑容，表明此人對所說的事情很滿意。此時，我們不妨多說幾句恭維的話。如果我們有求於對方，這便是一個不錯的機會，相信對方肯定比平時更容易滿足我們的要求。

比如，曉靜在假期想讓哥哥帶她出去旅行，當她向哥哥介紹旅遊的景點時，她發現哥哥眼神恬靜並且面帶笑容。因此，曉靜知道哥哥對旅行也很嚮往，於是，她趁機恭維了哥哥幾句。果然，哥哥很爽快地答應了她的請求。

▶ 眼神呆滯且嘴唇有些泛白

　　心理學家表示，與人溝通時發現對方眼神呆滯且嘴唇有些泛白，則表明對方對於當前的問題比較惶恐不安，儘管嘴巴上說「沒有關係」，可能確實在想辦法，但一點頭緒也沒有。所以此時我們不要再多問了，應該自己考慮應對的方法。

▶ 眼神發散

　　心理學家分析，與他人交流時發現對眼神四處發散，則表明對方對我們所說的話感到厭煩，再說下去也不會有任何好的結果。此時，我們應該打住或是乘機結束這場談話，抑或是找一些其他話題，講一些對方願意聽的事情。

　　比如，何傑經朋友介紹認識一位女生，在聊天的過程中，何傑一直講一些財經方面的話題。此時，他發現那個女生的眼神發散，東張西望，不時地看向別處。因此，何傑知道對方很討厭這個話題，於是，他立刻結束了這個話題，並對女生說可以帶她四處逛逛。女生聽了，欣然地答應了。

▶ 眼神比較沉靜

　　心理學家分析，與人交談時發現對方的眼神比較沉靜，則表明對方對我們所著急解決的問題已經胸有成竹。如果向他請教解決的方法，對方不願明說，可能是因為事情需要保密。所以此時不要多問，而是靜靜地等候其發落。

▶ 視線下垂，並且頭部下傾

　　心理學家分析，與人溝通時發現對方的視線下垂，並且頭部下傾，表明對方的內心可能在擔憂某件事情，心裡非常痛苦。此時，我們不要向對

方講述一些快樂的事情，那樣只會加重對方的痛苦；也不要提及悲傷的事情，只會讓對方越發難受。正確的做法是說一些安慰的話，並盡快結束談話。

比如，週末莎莎本打算與好友一起外出旅行，可與其見面後卻發現她視線下垂，並且頭部下傾。莎莎見此狀，知道對方內心可能擔憂某件事。後來，她得知好友的爺爺因病住院，所以好友才相當憂心。因此，莎莎便不再說旅行的事情，而是安慰了朋友幾句便離開了。

▸ **眼神飄忽不定，不同於平常**

心理學家分析，與人溝通時發現對方的眼神飄忽不定，異於平常，這表明對方可能心懷鬼胎，已經給你準備好了某些苦頭。此時，我們要小心了，應該遠離對方，可能周圍就有他設計好的陷阱，更不要相信他的甜言蜜語，這可能都是糖衣裹著的砲彈，小心為上。

透過視線「窺視」他人心理

【心理學故事】

林萍是學校的校花，也是很多男生心目中的女神，雖然有很多人在追求她，但高傲的林萍似乎誰也沒有看上，一直沒有答應那些追求者。所以，她的身邊依然不乏愛慕者和追求者。

最近，電腦學院的劉鋒對林萍展開了愛情攻勢，經常給她送花送禮物。追求一段時間後，劉鋒以為自己勝券在握，所以特意在林萍生日當天

邀請她到一家環境不錯的咖啡館中告白，並精心準備了一份生日禮物。同時，他還叫上自己的好哥兒們，為自己造勢。

可是，當林萍到來時，劉鋒從她的臉上卻看不出任何的開心表情，而且她斜著看了劉鋒一眼，說道：「找我有什麼事情？」劉鋒並不以為意，他將禮物推到林萍面前，對她說：「今天是你生日，這是我送你的生日禮物，生日快樂！」林萍淡淡地回應了一句「謝謝」。此時，劉鋒的好哥兒們想要提醒他一下，讓他不要再繼續說下去，所以便用腳故意碰了他一下，但劉鋒並沒有領會到。

接著，劉鋒充滿誠意地向林萍告白道：「我喜歡你已經很久了，不知你能否接受我呢？」可劉鋒在說話的過程中，林萍的視線卻不在他身上，而是看向了別處，但劉鋒卻沒有注意到這一點，還在迫切地等著對方的答覆。此時，劉鋒的好哥兒們全都看在了眼裡，可不管他怎麼示意劉鋒，劉鋒都毫無察覺。

結果，林萍將那件禮物推到劉鋒面前說：「對不起，我並不喜歡你，不能接受你的好意。」說完，她站起來離開了。劉鋒見此狀，頹喪地癱坐在椅子上。

待林萍走後，劉鋒的好哥兒們才拉著他說：「我剛才一直在阻止你，你怎麼不聽我的勸呢？」此時的劉鋒後知後覺道：「看到林萍後，我一直處於比較緊張的狀態，哪裡注意到你！在我表白的時候，你怎麼都不幫幫我呢？」

好哥兒們解釋道：「其實，當林萍看你第一眼時，我就知道你的告白不會成功了，所以才用腳故意踢你，意思是勸你不要當場表白。因為當她剛來看到你時，是斜眼看了你一下，這表明她內心有拒絕、藐視之意。可

你卻沒有注意到，還是自顧自地表白。在你說話時，她的視線也一直不在你的身上，這表明她心裡正在盤算其他事情，或是根本就不想接受你，正在想著如何拒絕你。所以，你自然是不會成功的。」

【心理學家分析】

有心理學家表示，透過觀察他人的視線，能夠「窺視」出他人的內心活動，可以捕捉到一個人的心態資訊。在與人交往時，我們仔細觀察會發現，對方內心的情感和欲望都會表露在視線上。與人交談時，如果對方的視線根本不在我們身上，則表明對方根本不想理會我們，或是對我們所說的話題不感興趣，抑或是在想著其他的事情；如果與人溝通時，對方斜著眼睛看我們，則表示有拒絕、藐視之意。

那麼，在遇到這些情況時我們應該如何應對呢？有心理學家為我們做出以下分析和應對建議：

▶ 視線不在講話者身上

心理學家分析，與人溝通交流時，如果對方的視線不在我們身上，這表明對方不想理會我們，或是對所談的話題沒有任何興趣可言，抑或是在盤算其他事情。此時，我們應該適可而止，以免讓對方更加討厭我們。

另外，這種反應也有可能表明對方雖然在聽我們說話，甚至會聽得很認真，但故意裝出一副不屑一顧的樣子，以表示他不在乎，其實內心卻相當在意。所以，我們要根據具體的情況進行具體分析。

▶ 視線在講話者身上來回移動

心理學家分析，如果第一次與他人見面，與對方交談時，對方的視線在我們身上來回移動，表明對方可能是在打量我們，這是一種本能的反

應。此時，我們可以從容地面對，以留給對方一個好印象。

　　如果我們的視線與對方的視線相遇時，對方立刻移開視線，則表明對方的性格比較內向、自卑或是對某些事情有所隱瞞，在有意迴避。比如，性格內向的小倩每次與陌生人說話時，當視線與他人的視線發生碰撞時，她就會立刻移開自己的視線，這樣才能讓她比較自如地說話；再如，明明因為想看電視而向媽媽撒謊說作業已經做完，當媽媽的視線與他的視線發生接觸時，他立刻移開視線，看向別處。

▶ 斜視他人

　　心理學家分析，與人交談時斜視他人，表示拒絕、蔑視的心理。不過，如果是斜視他人且面帶微笑，則表示對對方感興趣。這往往會發生在初次見面的男女之間，經常出現在女性身上。比如，當一個女生對一個男生感興趣時，在看對方時就會斜視著對方，並且面帶微笑。此時，男生不妨鼓起勇氣與其攀談，肯定可以贏得與女生交往的機會。

▶ 視線飄忽不定

　　心理學家分析，與人溝通交流時，發現對方的視線飄忽不定時，表明對方對我們所談論的話題不感興趣。此時，我們應該盡快結束話題。反之，如果對方露出淺淺的微笑，其視線不時地與我們接觸，則表示對方對我們的話題比較感興趣，期待我們繼續講下去。

▶ 視線角度反映不同心態

　　心理學家分析，與人交談時，當他人仰視我們時，表明對方心存敬意，非常認真地傾聽；如果他人俯視我們，則表明對方有意地保持自己的尊嚴。不過，上級與下級的關係除外。

另外，如果與人溝通時，對方一直在忙著手中的事情，並沒有把視線從手頭的事情上移開，則表明對方對我們所談論的話題不以為意，所以會表現出一種心不在焉、反應冷淡的樣子。

因此，透過觀察他人的視線能夠清楚地「窺視」他人的心理狀態，與人交往時，只要我們仔細觀察就會發現對方視線裡的「小祕密」。掌握這一點，在為人處世時我們會少走很多彎路。

閉眼的心理狀態

【心理學故事】

張曉雅是一名超市的銷售人員，主要負責銷售果汁機，她做這份工作已經三年了，其銷售業績一直不錯。只要是來她售賣區域買果汁機的顧客，即使最後不買，也與她關係處得不錯。所以，大家都喜歡親切地喊她「曉雅」。

有一天，一位阿姨來超市買果汁機，她在那裡看了半天，也沒有決定要買哪一種。曉雅見此狀，走過去親切地說：「阿姨，您需要哪種果汁機呢？我來為你詳細地介紹一下。」對方回答道：「我只是想先來了解一下，還沒有決定要不要買。」曉雅立刻說：「買不買都沒有關係，我可以先給您簡單介紹一下，您了解之後再決定是否要買。」

於是，她先將那位阿姨帶到休息區，讓她坐在那裡休息一下，自己去拿幾款樣品機。然後，她一邊向阿姨介紹，一邊觀察對方的表情：「這一

款是剛剛推出的果汁機，可以將果肉和汁完全分離開，使用起來更加方便，而且其容量比較大，但價格有些高。」此時，曉雅發現阿姨先是抬起頭望著天花板，然後又閉上眼睛，她猜測對方可能陷入了思考中。

因此，她不再多說，而是留給對方充分的思考時間。當那位阿姨睜開眼睛後，她開始接著介紹其他型號的果汁機。過了一會兒，曉雅發現對方輕微地搖了搖頭，並閉上了雙眼。見此狀，她推斷對方可能有些不喜歡或是聽久了有些厭煩。於是，她立刻結束了談話，親切地說：「阿姨，我今天就介紹到這吧，您先考慮一下，現在我用這些果汁機榨些果汁，您可以嘗嘗。」

接著，曉雅便向對方展示了那臺新推出的果汁機如何榨果汁，還讓對方親自上前操作。在榨好果汁後，曉雅將果汁端到休息區拿給對方喝，並與其聊天。

幾天過後，那位阿姨再次來到超市，直奔曉雅所負責的榨汁機區域。當其他人接待她時，她卻說：「請讓那個叫曉雅的店員過來吧，我想讓她再介紹一下果汁機。」當曉雅過來後，她與阿姨沒聊多久，阿姨就痛快地買下了新推出的那款果汁機。

【心理學家分析】

在日常生活中，睜眼、閉眼都是人們十分常見的眼部微動作。可是在不同的情況下，閉眼卻有不同的含義。心理學家表示，當人在抬起頭或是閉上眼睛時，往往表示對方正在思考。而有時候對方閉上眼睛則意味著對方有些厭煩、不滿等。

當眼睛睜開時，大腦所負責的視覺區域，會不由自主地接收外界的資訊，從而導致這個區域處於忙碌的狀態中。可是，當我們需要思考時，只

要閉上眼睛，就能隔離外界資訊的干擾，從而讓大腦更專注地思考。此時，將頭抬起來可能也會有幫助，因為看天空或是看著天花板，不會導致視覺區域變得忙碌。

為了證實這個理論，有研究人員曾做過這樣的實驗：他們邀請一些志工作為實驗對象，先讓其看幾分鐘的電視節目，然後讓志工休息一會兒。接著，研究人員開始詢問志工剛剛看到了哪些畫面。志工在回答問題時，有的人會抬頭看著天花板，有的人會閉著眼睛，有的人則會看著正在播放畫面的電視螢幕。

實驗統計結果表明，志工在回答問題時抬頭看著天花板和閉著眼睛的情況居多，而看著正在播放畫面的電視螢幕的志工則很難回答出研究人員的問題。這項研究顯示，抬頭看天花板或是閉上眼睛能夠阻斷對大腦回憶形成干擾的資訊，從而有利於人們回憶和思考。

那麼，閉眼除了表示思考外，還有哪些不同的含義呢？在此，就讓心理學家為我們總結一下：

▶ 遇到危險時會緊閉雙眼

心理學家分析，當一個人處於危險的境況中時，他總是會下意識地閉上雙眼，這表明當事人一方面是心存恐懼，另一方面則是想要保護自己。比如，5 歲的嬌嬌在看到一隻大黃狗走近她時，嚇得她立刻閉上了雙眼，並且「哇哇」大哭。媽媽聽到哭聲，立刻走過去將大黃狗趕走了。此時，嬌嬌才慢慢睜開雙眼。

▶ 不滿或是不喜歡時會閉上雙眼

心理學家分析，當一個人處於不喜歡、生氣的情緒狀態中時，就會不由自主地閉上眼睛，這個動作表明對方可能心存不滿或是心不在焉，抑或

是對講話者起了疑心。閉上雙眼可以阻斷自己的視線，從而達到「眼不見心不煩」。面對這種情況，我們不妨盡快結束話題，否則只會讓對方更加不滿。

　　比如，上文的曉雅正是透過顧客的閉眼動作讀懂了顧客的心理，從而及時地結束了自己的介紹，改做其他事情，以緩和對方的厭煩情緒。

▶ 身體疲憊時會閉上雙眼

　　從生理學角度來看，當一個人處於疲憊的狀態中時，往往會渴望休息一會兒，所以此時他會自然地閉上雙眼，以讓自己好好地休息一下。

　　因此，在人際交往中，透過觀察、分析對方閉眼的狀態，我們就能準確地了解對方的心理狀態，從而讓我們在社交場合中如魚得水。

Part *3*

頭部動作暴露你的內心

如果一個人一邊搖著頭一邊說著贊成我們的看法，而且頻率特別快，幅度也很大，那不管他表現得多麼真摯，搖頭的動作都反映了其內心的消極態度，所以這時候我們一定要多留個心眼。

抬頭挺胸的人最為自信

【心理學故事】

陳虹是某公司的人事部經理。最近公司的業務部經理因為想要到別地方發展，所以向公司提交了辭職報告，這就意味著陳虹必須在一個月的時間內再招到一名合格的業務部經理，要不公司的業務就會受影響。

陳虹一開始不覺得這事有多難，她認為人應該挺好招的，於是就慢慢地安排進行常規應徵，結果誰知道一連三週都沒能找到合適的人。這下老闆都有點著急了，跟陳虹說，不行的話找找獵頭吧。

老闆都這麼說了，陳虹只有照辦，結果獵頭公司很快就提供了一些人選。為了不浪費大家的時間，陳虹先是認真對這些人的基本資料進行了分析，然後確定了三個人，隨後又把這三個人的資料拿給老闆看，讓他選兩個，最後進行面談。

老闆根據自己的經驗選了兩個人，讓陳虹約這兩個人在同一天面談，一個上午見面，一個下午見面。結果和兩個人都聊過之後，陳虹覺得這兩個人在銷售方面都有著豐富的經驗，而且手頭掌握的資源也都差不多，所以真的有點難以取捨，就問同樣參加了面談的老闆的意見。

老闆想了想說：「我覺得還是下午見的那個比較合適，我看他向我走過來的時候抬頭挺胸，坐著的時候也是這個姿勢，說明這個人很自信，有活力，而且還有不錯的領導力，他的這些品質正好適合做銷售工作；而上午那個人雖然也很優秀，但是稍顯缺乏自信，還有點老氣橫秋的樣子。」

後來的情況證明，老闆的眼光真的很準，新招的銷售經理剛來公司兩

個月就將業務部的業績提升了 10%。

【心理學家分析】

當我們在日常生活中，看到一個走路時抬頭挺胸的人，我們就會很自然地認為這個人是充滿自信的，做事是果斷的。那麼，這樣的感覺是不是可靠呢？抬頭挺胸與我們的心理狀態之間，是否存在著某種內在的連繫？

研究者發現，那些充滿自信、活力，性格堅強又具有領導力的人，大多數時候都是抬頭挺胸的，那為什麼會這樣呢？或者說為什麼我們會很自然地將抬頭挺胸與自信、堅強等性格特質連繫在一起呢？

這一點，可以從進化心理學家的研究成果中找到答案：他們認為人類在進化過程中，除了遭遇了無數的自然災害外，還會面對來自人類之間的互相殘殺，以及各種大型猛獸的攻擊，所以只有戰勝同類和猛獸的攻擊才能生存下去。

而在無數次的戰鬥過程中，雖然智力和體力對戰鬥的勝利造成了決定性作用，但不可否認的是，一些基本的生理反應也是非常重要的獲勝條件，其中就包括抬頭挺胸，它可以讓人在戰鬥中獲得勝利的機率增加。比如，它可以讓人體的交感神經與副交感神經協調一致，可以讓人快速進入戰鬥狀態，讓人的視野變得更加開闊，從而獲得更多有用的資訊，同時也能在第一時間察覺到危險。它還能讓人顯得更加高大，這樣就能震懾對手等等。

但並不是每一個人都能做到抬頭挺胸，因為人的心理與生理功能在巨大的壓力面前，很有可能會一觸即潰，所以習慣抬頭挺胸的人也會慢慢變得遲鈍，不再機敏、警覺，轉而低頭含胸。而那些能堅持抬頭挺胸的人，

自然就能透過不斷獲得勝利，讓自己在人群中處於主導地位，這樣一來他們自信、堅強、充滿活力的心理狀態也就慢慢形成了。在人類漫長的進化過程中，這些心理狀態逐漸和抬頭挺胸這個動作形成了緊密的連繫，所以人們才會一看到抬頭挺胸的人，就會覺得他是自信、堅強的人。而且心理學家還認為當一個人做出抬頭挺胸的動作時，就會產生自信、充滿活力、具有領導力等心理狀態。

此外，他們還認為，就算是長期處於消極心理狀態的人，抬頭挺胸的時候心態也會變得積極，他們的自信心會大幅度提升，覺得自己非常堅強而且充滿活力。

紐西蘭某學者的一項研究顯示，抬頭挺胸是有助於緩解憂鬱情緒的，而且抬頭挺胸確實可以改變人的精神面貌和自信形象。

不過也有心理學家指出，抬頭挺胸的人其實是很孤獨的。因為他們走路的時候一直都直視前方，根本看不到兩邊的風景，這樣一來就隔絕掉了周圍的資訊，不和外界接觸，當然會很孤獨。而且經常做出這個動作的人通常有著強烈的自我表現欲望。

在我們與人交流的過程中，如果對方在傾聽的過程中，一直保持著抬頭的動作，又或是中間還伴隨著一些其他細微臉部表情，那就表示他很有可能正在思考你所說的話。

但是如果對方在抬頭的同時頭部略微揚起、下巴突出、眼睛上挑，那就說明他是在表示傲慢或是展示自己的權威，也有可能是輕視交談對象。

點頭背後的含義

【心理學故事】

李明大學畢業後，在一家辦公用品公司做銷售，其實像他這樣一點經驗都沒有的年輕畢業生，公司原本是不招的，只不過當時老闆覺得他身上有一股一往無前的衝勁，敢打敢拚，很像自己年輕的時候，所以就決定給他一個機會，想看看他能不能闖出一片天地。

事實證明，老闆的選擇沒錯，李明進入公司後進步很快，憑藉著一股衝勁以及不怕吃苦的精神，他很快就在公司裡站穩了腳跟。老闆很高興，決定培養他，於是就安排一個有著豐富經驗的金牌銷售員做他的師父，讓他開始接觸一些大客戶。

上週二他和師父到一家大公司拜訪客戶，對方的行政總監熱情接待了他們，其實他們這次來是想讓對方答應，未來三年公司所需要的辦公用品都從他們這買。來之前他們倆商量，一開始先讓李明打頭陣，如果不行，師父再出馬。

於是他們經過簡短的寒暄後，就進入了正題，李明先用簡單的語言將自己公司的情況介紹了一遍，對方的行政經理一邊聽一邊點頭。看到這種情況，李明心裡暗自高興。於是還沒等客戶發表意見，他就又開始介紹事先擬定好的合作方案，一點都沒給客戶留下說話的機會，就這樣，客戶的臉色慢慢變得有點難看了。

不過正沉浸在興奮情緒中的李明，根本就沒在意這些細節，而是繼續滔滔不絕地說著。這時候他發現客戶點頭的頻率加快了，所以他在心裡已

經認定只要自己講完，這一單就算做成了。

可是等他說完後，意想不到的事情發生了：還沒等客戶說話，師父就搶先對客戶說道：「三年的辦公用品採購所涉及的金額並不是個小數字，相信您一定需要認真考慮一下，所以您不必太早做出決定。現在我們把這份計畫留給您，您抽空再看看，如果有什麼建議歡迎隨時和我們溝通。」

對方聽師父這麼說，臉色才好看一些，說自己一定會認真考慮的，還說會和公司老闆研究一下。然後，師父和李明就起身告辭了。

剛出對方公司大門，李明就著急地問師父：「剛才對方不是一直在點頭嗎？這說明他應該對這份合作計畫挺滿意的，說不定當場就能簽合約，但您怎麼讓他再考慮一下啊？就怕到時候他又選擇了別家。」

師父聽了他的話，說：「今天你犯了一個錯誤，你一直在說，根本就沒有讓客戶發表意見，當時他的臉色已經變得難看了，後來他又頻繁地點頭，這說明他已經不耐煩了，根本不想聽你再說下去。如果我不那麼說，恐怕他當場就拒絕了，你好好學著點吧。」

【心理學家分析】

在日常生活中，我們經常會看到人們做出點頭這個動作，很多人認為點頭就是表示肯定。其實在不同的場景之中，點頭的不同頻率表達著不同的含義。比如當一個人被人威脅而不得不點頭的時候，這裡的點頭自然就不是肯定、同意的意思了。

如果我們在談話的過程中，向對方提出了一個問題，那麼在聽對方的回答時我們就應該一邊聽一邊點頭。當對方回答完以後，如果感覺對方提供的資訊不夠，我們可以再連續點五次頭，頻率保持在一分鐘一次。通常

在我們點第四次頭的時候，對方就會再次開口說話，並提供更多的資訊，這時候我們只需要靜靜地一邊聽一邊點頭就可以了，並不需要開口說話。這樣做可以激發對方的表達欲望，同時也會對我們產生好感，而這種好感最直觀的表達方式，就是對方所說的話比平時多出了 3 ～ 4 倍。

研究顯示，點頭的幅度越大，動作越誇張，講話的人就越容易相信我們、認可我們。另外，點頭的頻率也能顯示出傾聽者的耐心程度。比如緩慢地點頭表示傾聽者對談話內容非常感興趣，而當講話者看到對方若有所思地緩慢點頭時，講話者心裡就會非常高興，因為他覺得對方不僅認同他的觀點，而且還進行了認真的思考。

所以，當一個人陳述自己的觀點時，我們最好是慢慢地向對方點三次頭，用這種方式表示自己在認真地聽他講話。

此外，在我們與人交談的過程中，發現對方點頭的動作與談話所涉及的問題或是內容並不符合時，就說明對方並沒有認真聽我們說話，或許他現在正在想別的事情，又或是有什麼急事要辦，但又不好意思說。這個時候我們最好是及時停止談話，問問對方是不是有什麼事，因為就算我們再說下去，也是沒有意義的。

有心理學家認為，點頭有時候也表示無聊、動搖或是不關心等負面情緒，那麼該如何去分辨點頭的具體含義呢？關鍵就是看點頭的時機。比如當我們說完一句話的間隙，又或是就某事徵求對方的意見時，對方點頭是表示他同意我們所說的話，這就說明他對我們說的事情感興趣，同時也說明他在認真聽我們講話。

然而，如果對方不分時機地頻繁點頭，比如我們說了一句話或是闡述了一個觀點後，對方頻頻點頭，超過了三次，那就說明他很有可能對我們

所說的話一點興趣也沒有，又或是感到厭煩。或許他此時心裡正在想：「你趕緊說完吧，真不想聽了。」也有可能是對方發現我們的思路並沒有按照他所希望的那樣發展，於是就產生了動搖的情緒，想要透過點頭的方式催我們快點把話說完，好度過這段無聊的時光。所以在交談中，如果對方出現與談話節奏不符的頻繁點頭情況，那就一定要謹慎對待，最好是停下來詢問一下對方的想法。

搖頭動作背後的含義

【心理學故事】

　　趙樂在一家知名的廣告公司上班，最近公司接了一個大客戶，是一個很有名的化妝品品牌，如果能成功拿下這個大客戶，那公司就會離行業老大的位置又近一步。所以公司老闆非常重視這件事，決定將所有的精兵強將全部投入到這個專案中。

　　但誰知道公司的這些菁英一連出了幾個方案，都被客戶否決了，每次給的理由都是不夠新穎。結果老闆急得牙齦都腫了，這時候公司的創意總監提議說，要不讓新人也幫忙做這個案子，說不定就有客戶喜歡的創意呢？

　　雖然老闆心裡覺得，新人是不可能拿出什麼好方案的，但是抱著「死馬當活馬醫」的心態，也就同意讓趙樂這樣的新人也來試試。

　　趙樂知道後心裡非常感激創意總監，因為他覺得是創意總監給了自己

一戰成名的機會。他很清楚如果這次自己成功了，那就一定會得到重用，於是他全身心地投入到了策劃案的製作中。

他緊張工作了 7 天後，終於在客戶給出的最後期限之前拿出了自己的策劃案，做好之後他把策劃案拿給創意總監看，希望總監能指導自己一下。誰知道創意總監看了他的策劃案後，張大嘴巴並輕輕地搖頭，他一看總監搖頭了，就覺得肯定是沒戲了。於是他沮喪地問總監：「是做得太差了嗎？我看您一直搖頭。」

這時總監回答說：「不是差，是實在太好了，我覺得你這份策劃案很有新意，而且考慮得也很周全，相信客戶會滿意的，真想不到你這麼厲害。」

最終，趙樂的這份策劃案果然像總監說的那樣得到了客戶的認同，而他也憑藉這份策劃案一戰成名，直接由一名普通的策劃升到廣告部 A 組的主管。

【心理學家分析】

人們普遍認為搖頭代表著「不」或是「否定」的意思。據進化心理學家分析，搖頭很有可能是人類與生俱來的動作，而且我們來到人世間做出的第一個動作就是搖頭。這是因為在哺乳期的嬰兒每次吃飽之後都會透過搖頭來拒絕奶水又或是其他食物，所以我們從嬰幼兒時期就已經懂得透過搖頭來表達「不」或是拒絕的意思了。因此，看到搖頭的動作我們會很自然地想到這是在表達拒絕和否定。

所以在我們與人交流的過程中，如果對方對我們的意見或是觀點表示贊同，並且還努力讓這種贊同表現得誠實可信的時候，我們不妨觀察一下對方在說話的同時有沒有做出搖頭的動作。如果一個人一邊搖著頭一邊說

著贊同我們的看法，而且頻率特別快，幅度也很大，那不管他表現得多麼真摯，搖頭的動作都反映了其內心的消極態度，所以這時候我們一定要多留個心眼。

不過，當我們遇到一些具體的事情時，我們就不能片面地將搖頭全都理解成拒絕或是否定，比如搖頭是一個人的習慣性動作，那他就不是表示拒絕和否定。此外，在心理學上搖頭還有以下幾種含義，我們來簡單了解一下：

▸ 無意識地輕輕搖頭

有的心理學家認為，在母親餵養嬰兒的時候，嬰兒需要左右搖擺腦袋才能獲得更多的乳汁，所以一個男人在與異性交流的時候，總是無意識地輕輕搖頭，那就說明這位異性讓他回想起了，童年時吮吸乳汁的滿足感，而這正是愛情開始的前奏。

▸ 搖頭幅度小，頻率也非常低

如果我們在與人交流的時候發現對方雖然是在搖頭，但是搖晃的幅度非常小，頻率也非常低，那就說明這並不意味著否定，反而是一種暗示，是對方在暗示我們繼續說下去，或是將話題延續下去，而他自己暫時沒有說話的打算。此外，有的人在默許別人的一些話的時候，也會做出這樣的動作。

▸ 心情尚好時搖頭晃腦

還有一種情況，有的人在覺得得意或是心情高興的時候就會搖頭晃腦，比如得到了豐厚的年終獎金的時候、被老闆表揚的時候、品嘗美食的時候都會不自覺地搖頭晃腦。

▶ **無奈地搖頭**

很多時候，我們還會用搖頭的動作表示無奈，尤其是在一臉沮喪的時候，比如當一個病人因搶救無效去世的時候，走出手術室的醫生什麼都沒說，只是一臉沮喪地走出來，然後對著逝者的家屬搖頭，這是在表達無能為力的無奈心情。所以就算他什麼都不說，家屬也能接收到親人去世的消息。

因此，當我們與人交流時，對方一臉沮喪地搖頭，那就不要再去責怪對方沒有全力以赴，因為他真的已經盡力了，再去責備他不僅於事無補，還會讓對方怨恨我們。

▶ **搖頭的同時，還張大嘴巴**

如果當事人在搖頭的同時，又出現了張大嘴巴的動作，那就表示當事人感到驚訝或是不可思議，其中包含了驚嘆和讚許。所以當對方做出這樣的動作時千萬不要誤解其真實意圖，而是應該向其表示感謝，這樣就能夠給對方留下謙虛的良好印象。

傾斜頭部的心理含義

【心理學故事】

三個月前，雲燁終於鼓起勇氣向自己暗戀了一年的女同事辛月表白了。他對辛月說，喜歡她，想照顧她。不過辛月並沒有答應，只是說自己對雲燁了解不多，想要多了解了解再做決定。

　　聽辛月這麼說，雲燁雖然很沮喪，但同時也有點高興，因為畢竟對方沒把話說死，這是給了他一個機會，而且把憋在心裡的話說出來，暢快多了。

　　所以他就滿懷信心地開始公開追求辛月，為了能追上女神，他每天接送，而且還無微不至地關心，最重要的是只要有時間他就會講自己經歷的趣事給辛月聽，從小時候講起，什麼小事都講了。講完了自己的事，還講家裡的事，而且還請辛月到自己家吃飯，他們一家人熱情款待辛月。

　　除此之外，他還以互相了解的名義，硬是讓辛月帶著他回了一趟辛月的家，辛月的爸媽都很喜歡他。

　　成功打入「敵人」內部後，他覺得自己成功的希望已經無限增加了，不過還是不敢有絲毫懈怠。他知道辛月喜歡讀書，經常參加讀書會，他也買了參加讀書會要用的書，硬著頭皮去讀，而且每次讀書會都不缺席，就這樣他和辛月的共同話題越來越多了，他們一起活動的時間也越來越多了。

　　但即便如此，辛月對感情方面的事從來都沒有個明確的說法，好像只是想和他做朋友，因為兩個人之間所做的一切，都沒有超出普通同事或是普通朋友的範圍。雲燁雖然心裡著急，但是也不敢說什麼，萬一連朋友也做不成呢？現在這樣每天都能見到，說說笑笑的不是挺好嗎？

　　這天是辛月生日，可是她並不是個愛熱鬧的人，所以也不願意慶祝，只是叫了雲燁陪她一起逛逛公園，聊聊天。到了公園，他們倆走走看看，走累了就把背包裡的東西拿出來吃，吃飽了就繼續走。一邊走一邊聊，就這樣，一個公園他們逛了三四個小時還沒逛完，最後實在是有點累了，就想找個長椅休息一下。

他們看到一個長椅，就在他們走向長椅的時候，卻聽到後邊有按喇叭的聲音。但當他們聽到聲音反應過來的時候，電火車已經開到辛月跟前了，來不及多想的雲燁用盡全力拉了辛月一把，她這才沒被電火車撞上。

反應過來的辛月還是有點害怕，於是雲燁就扶著她到不遠處的長椅上休息，這時候辛月很自然地將頭偏向他這一側。看到這個情況，雲燁高興極了，知道辛月已經接受了自己，於是馬上把肩膀湊過去，辛月也順勢把頭靠在了他的肩膀上。

【心理學家分析】

在日常生活中，我們經常會看到一些人在不經意之間做出傾斜頭部這個動作。那麼，人們都是在什麼情況下才會出現這個動作呢？比如在外面工作了一天回到家後，穿著家居服坐在沙發上，做著自己喜歡的事情，覺得很舒服，這時候人們就會下意識地傾斜頭部，以此表達內心的舒適；再比如當一個女孩和喜歡的人在一起的時候，心裡很高興，這時也會不自覺地向其傾斜頭部。所以，當人們心裡覺得舒適的時候，就會出現傾斜頭部的動作。

而提起傾斜頭部這個動作的來源，這就要提到我們的睡姿，因為這個動作其實源自於我們在睡覺時的習慣動作。大量的研究證明，我們在歪著頭睡覺的時候，會比其他的姿勢睡得更舒服、更香甜一些，因為歪著腦袋睡覺的時候，頭與枕頭可以接觸得更緊密一些，從而能讓自己獲得一種安全感。那麼，我們在這樣的心理暗示下當然就會睡得很舒服了，也正是因為這樣，一個人在做出傾斜頭部動作的時候也會覺得非常舒服。

除此之外，傾斜頭部的動作，還與我們看問題的角度有很大關係。通

常我們都是端正頭部去思考問題的，但這樣往往不能將問題理解透澈。當我們的頭部傾斜到一定角度的時候，內心自然就會產生一種積極的心理暗示，會讓我們嘗試著去從另一個角度進行思考，或許這時候我們就會有完全不同的想法。如果問題順利解決了，心理上自然就會覺得輕鬆舒適，所以在傾斜頭部的時候，我們就會有舒適的感覺。

不過，傾斜頭部也不是只表達內心舒適這一層含義，在不同的情況下它也會傳遞出不同的資訊。

比如，如果一個人在與人交流的時候盡量將自己的頭側向一邊，就表示此時他的內心是非常順從的。因為當一個人做出這樣的動作時，就會將身體的要害部位——脖子和咽喉暴露出來，這樣做會讓自己看上去非常弱小並且缺乏攻擊性，很自然地展現出了自己順從的一面。

其實，該動作源自於嬰幼兒時期對父母的依偎，那時候我們經常將頭依靠在爸爸媽媽的身上，其實屬於一種撒嬌的行為。因此該動作大多會出現在女性的身上，她們是想要透過這種動作去吸引自己喜歡的男人的眼球。

我們在日常生活中也經常會看到這樣的情景：一對戀人坐在公園的長椅上，女孩斜著頭靠在男友身上，非常的甜蜜。因此當女性對男性做出這樣的動作時，如果男性也對其有好感，那就應該做出積極的回應，要不然女方會很傷自尊，敏感一點的人甚至會做傻事。

不過，這個動作有的時候也會被女性用來賣弄風情，因此我們應該注意兩者之間的差別：如果是為了突顯風情，女性在做這個動作的同時還會有抬高頭部、玩弄頭髮等動作，那麼這就說明當事人已經有假裝天真，或是故意賣弄風情的嫌疑了。

當我們與人交談時，如果對方對我們所講的話題，或是所講的某件事感興趣，也會做出傾斜頭部的動作，這其實是在受到某種吸引或是誘惑後身體的一種本能反應。這種反應不僅人類身上有，就連動物也會有類似的表現，比如看到小貓小狗，或是聽到新鮮的事物或者特別的聲音的時候，頭會不自覺地傾斜到一邊。

在日常生活中，當我們對一件事情感到無法理解，又或是覺得莫名其妙的時候，也會做出傾斜頭部的動作。大多數情況下，我們還會用一隻手去托住傾斜的頭，這表示當事人正在認真思考問題，想要把事情弄清楚、搞清楚。由此可見，用手托住傾斜的頭部是在傳達一種「疑惑」的訊號。因此，在人際交往中如果有人做出了這個動作，那就不妨直接詢問對方有什麼疑惑的地方，再給他一個滿意的答覆。這樣不但可以消除對方的疑慮，還能夠增強彼此之間的友誼。

摸頭髮的心理含義

【心理學故事】

秦朗和老婆是在家附近的一家書店認識的。這家書店秦朗經常去，那裡的咖啡也很不錯，尤其讓他喜歡的是那大大的落地窗，透過窗戶可以清楚地看到外面的人和事，看到藍天和白雲。而每當看到這些的時候，他心裡總是會很平靜，還能暫時忘記那些讓人煩惱的事，所以每當閒暇的時候他就會到這家書店，選一本自己喜歡的書，再點上一杯咖啡，然後靜靜地坐在那裡看書。

那天下午，他閒來無事就去書店看書，到了書店後發現平時自己習慣坐的那個靠窗的位置，已經被一個長髮女孩坐著了。他很想知道究竟怎樣的人喜歡和自己坐同一個位置，就走上前裝作不經意地看了長髮女孩一眼，結果眼睛再也移不開了，因為這個女孩正是他喜歡的類型。

　　胡思亂想了一陣後，他決定找個地方先坐下來，然後認真地觀察一下，萬一人家有男友，又或是結婚了，那自己想再多也沒用。結果他在那看了一個小時，都沒有人來找那個女孩，而且他還發現了一個有意思的現象：長髮女孩坐在那裡也不看書，只是靜靜地望著窗外，而且每隔一段時間就會摸一下頭髮，一個小時的時間裡她已經摸了 17 次頭髮，三分多鐘就摸一次頭髮。這個時候秦朗終於確定她就是一個人，並沒有在等誰，而且心裡明顯有事，想要找人訴說。

　　於是，他就鼓起勇氣去和人家搭訕，問對方是不是有什麼心事，如果有的話可以和他說，或許自己能給她提供一點有用的建議。幸好人家對他的搭訕並不反感，於是他就很自然地坐在她的對面，跟她聊了起來。

　　一聊他才知道，這個女孩叫孫秀琳，最近家裡人老是催著她相親，說她年紀不小了，得趕快找個對象，要不然嫁不出去了。可是她是個相信愛情、相信緣分的人，並不想草率地找個對象，草率地結婚，這樣對自己也太不負責任了。就這樣，她和家裡人產生了矛盾，連續兩天心情都不好，今天心裡悶得慌，就來書店坐坐，透透氣，而且她還說很想找個人說說話。

　　聽到她還沒有對象，秦朗心裡別提多高興了，針對她說的問題他建議一方面要和家人進行耐心的溝通，另一方面既然家裡人著急，那就要做出一些舉動，比如可以試著接觸一下身邊條件合適的男生，這樣家裡人也就

不那麼急了。

孫秀琳覺得他說的話挺有道理的，隨後兩個人互相留下了連繫方式，而且他們還發現彼此住得都不遠。就這樣，從那以後他們的連繫越來越緊密，直到走入婚姻的殿堂。

【心理學家分析】

在日常生活中，我們時常會看到有的人在與人交流的時候，總是時不時地摸一下自己的頭髮，又或是時常擺弄一下頭髮，感覺好像是想要引起對方對其頭髮的興趣。而且有的人不只是在和人交流的時候會這麼做，就算是一個人在家待著的時候也會時常摸摸頭髮。

相關研究證明，頭髮在所有承受接觸的人體部位中，被接觸的頻率是最高的，所以像摸頭、撓頭、摸頭髮諸如此類的動作在生活中出現的頻率是非常高的。

其中撓頭的動作經常出現在男性身上，男性做出這樣的動作時，表示此時其內心充滿了痛苦、害羞、困惑又或是為難等情緒，而摸頭髮更多的是一種害羞的表現。

當一個人將手舉向自己的頭部，做出諸如「搔」、「抓」等動作時，最開始只是為了整理一下頭髮，保持頭部的整潔，這是在關注、維護自己的形象。可是後來這些動作開始慢慢脫離初衷，變成了整理已經陷入混亂的情緒，或是緩解處於緊繃狀態的神經，從而變成了一種自我親密的方式。其主要目的是為了讓自己的精神獲得安定，這都是由下意識的心理作用造成的。

此外，摸頭髮的動作在不同的情境下有著不同的含義。比如，兩個人

正在進行交談，這個時候其中一方突然下意識地摸了一下自己的頭髮，這很有可能說明行為人此時心裡非常不安。

▸ **心不在焉**

如果我們正在對著一個人滔滔不絕地闡述著自己對國家經濟的看法，而聽我們說話的人卻一邊回應一邊摸頭髮，通常都說明他心裡正在想著別的事，根本就沒有好好聽我們說話，又或是想說一些自己想起來的話題，希望我們趕快結束自己的談話。所以，這個時候我們最好停下來問問對方有什麼要說的話。

▸ **不耐煩**

如果一個人在與人交流的過程中，已經開始用手指去梳理頭髮，那就說明這個時候他心裡非常不耐煩了。所以當遇到這種情況的時候，最好是適可而止，要不然對方很有可能會粗暴地打斷談話或是直接離開。

▸ **敏感、情緒化**

如果一個男性在與人交流的過程中經常摸頭髮，那就說明他非常情緒化，而且還很容易焦慮、鬱悶。但這樣的人對流行事物或是文化非常敏感，可是在對人的態度上卻忽冷忽熱。

▸ **掩飾行為**

摸頭髮還有可能是一種掩飾行為，當一個人極力想要掩蓋一個小謊言，又或是覺得自己沒辦法拒絕對方的要求時，同樣會做出摸頭髮的動作。

▸ **自我安慰**

如果兩個人針對一個問題展開辯論，而甲方最終被乙方說得無言以

對，那這個時候甲方就會做出摸頭髮的動作。這樣做除了自我安慰外，同時也是心情不好的一種外在表現。而勝利的一方看到對方摸頭髮的動作後，通常也會做出摸頭髮的動作，這是在表達一種辯論獲得勝利後的得意。

▶ 排遣鬱悶心情

如果一個人靜靜地待在一個地方，只叫了一杯飲品，坐在那裡非常無聊地望著窗外，在此期間每隔一段時間就會摸弄一下頭髮，這就說明他／她心裡有事，很想找個人傾訴一下，透過這種方式排遣心中的鬱悶。

▶ 內心有所動搖

如果心中對以往堅持的事情有所動搖，也會下意識地去摸摸頭髮。至於在思考的時候摸頭髮，則表明了內心的困惑。

除此之外，比較感性的人更喜歡做出摸頭髮的動作。這類人在生活中善於思考，做事情細緻、感性，可恰恰是因為這種感性或是敏感，才導致他們中的大多數人缺乏對家庭的責任感。不過他們具備一個很多人都不具備的優點，那就是總是能夠做到問心無愧，尤其是在情感方面。

比如，女性在男性面前整理頭髮時必須將頭略微垂下，柔軟的手腕也會向外裸露，柔軟的長髮在指間來回地撥弄，既展現出了女性嬌小、柔弱的一面，又把頭髮這個有著性吸引力的身體部位變成了視覺的焦點。試問，如果一個男性本就對她有好感，這時候又怎麼會不採取行動呢？

┤ 低頭動作背後的心理含義 ├

【心理學故事】

　　昨天，李夢參加了大學同學的聚會，在聚會上喝了一點酒的她藉著一股酒勁，向老同學周陽講了一件事。其實這件事很簡單，就是上大學的時候她喜歡過周陽，確切地說是暗戀，因為她一直都沒對周陽說過。

　　周陽聽後吃驚地說：「你有喜歡過我嗎？我真的沒看出來，其實當時我也喜歡你，記得大三的時候有一次放《鐵達尼號》，我想約你去看，票都買好了。可那天下午當我走近你的時候，卻發現你低著頭根本不看我，然後又抬起頭望著遠方，好像很不想和我說話。當時我覺得你是討厭我，如果開口請你看電影，一定會被你拒絕。我不想弄得大家都尷尬，所以就離開了，電影票也送給了別人。那以後我雖然還是偷偷喜歡著你，可是看你有了男友，就更沒法向你表白了，就這樣一直到大學畢業。畢業後我還經常打聽你的消息，知道你和男友分手了，當時我就想去找你，火車票都買了，可就是沒勇氣。後來家裡人覺得我年齡不小了，就一直張羅著讓我相親，一開始我不同意，心裡還想著你。但後來聽說你結婚了，過得挺幸福，我才徹底死心了，心想只要你過得幸福就好。」

　　李夢聽了他的話眼淚「唰」的一下流了下來，然後略帶哽咽地說：「那時候我喜歡你，就連同宿舍的人都知道。你說的那天我知道，我知道你買了電影票，但我不知道你是想請我看電影。當時我看見你走過來，那時候我旁邊站著我們班的班花吳薇，平時你總是和她待在一起，當時同學們都說你們已經交往了，所以我以為你是去找她的，我就故意做出厭惡你的樣

子，其實是想引起你的注意。可沒想到你走了一半又回去了，從那以後好像就開始刻意和我保持距離。我覺得這輩子我們是不可能了，就找了個男友。可那時候我還是一直想著你，後來我的心思好像被他察覺到了，也有可能是我沒辦法全身心投入到這段感情中吧，我們就分了。再後來因為實在是拖不起了，就順從家裡的安排開始相親，那時候就想趕快穩定下來，所以沒見幾個，就選了一個確定了關係，相處了半年就結婚了。」

【心理學家分析】

在現實生活中，當我們遇到自己喜歡的人時，身體就會下意識地做出很多動作，比如不敢注視對方，緊張地摩擦雙手等等。而對一個矜持、害羞的女性來說，當其遇到自己喜歡的人時，通常會不自覺地低頭。這個動作經常在影視劇中出現，它用來表現一個年輕的女人在遇到心愛之人時的那種害羞心理。

而在日常生活中，大部分女性在與異性對視時都會不自覺地低下頭，而該動作可以追溯到封建社會。那個時候的女性平時是很少出門的，所以很少有機會能夠見到親人之外的男性，當她們見到陌生男人的時候難免會害羞，一害羞就會很自然地低下頭。現在雖然時代不一樣了，但是女性的這種心態卻沒有發生改變，只不過是將陌生男人替換成了自己喜歡的人。

另一方面，女性的感受通常要比男性更為敏感一些，她們非常在意自己喜歡的男性是否重視自己，所以經常喜歡偷偷看看對方，可是又很怕對方會發現。於是她們和喜歡的男性相遇的時候，為了防止對方發現自己在偷看，就會經常出現低下頭的動作，其實這也是在害羞。

心理學家指出，女性做這個低頭的動作，還出於內心的一種自我抑

制。因為如果直接向喜歡的人表白，被一口回絕的話，那不僅會讓自己很受傷、下不了臺，而且就連做朋友的機會也沒了。所以為了不想受傷，她們才會想辦法努力抑制自己的感情，當她們看見心儀的對象時就會不自覺地低下頭。

如果一個女性在與男性交流的過程中先是低下頭，然後避開對方的眼神看著遠方，這樣做的潛臺詞就是她不想看見對方，是在明白地表示厭惡。所以當男性看到一個女人對自己做出這樣的動作時，最好是自己主動離開，這樣做可以及時地避免尷尬。

不過，也有心理學家指出，生活中一個女人明明喜歡著一個男人，但當她看到這個人的時候，還是會做出厭惡的舉動，比如低頭、看著遠方。其實她做出這樣的動作只是想要引起對方的注意，因為此時她的內心是非常緊張的。如果這個時候男人誤解了她的意思，很可能就會造成無法彌補的遺憾。

心理學家認為，日常生活中經常低頭的人，不管做人做事都是非常謹慎、平和的，可以說不願有任何的疏漏。他們討厭過分激烈的人和事，同時也不會喜歡輕浮的人，在學習和工作時都非常勤奮，結交朋友很慎重，寧缺毋濫是他們所堅持的原則。不過心理學家指出：經常低頭的人很有可能會產生社交障礙。

低頭在大部分時候都表示自己是低於對方的，所以經常用於表示謙遜、禮貌以及服從，不管是真心的服從還是委屈的服從。如果一個人在低頭的同時，脊柱還保持著直立的狀態，並且具有一定的力度，那就多半是表示服從。需要說明的是，這樣的服從僅僅是針對某件事情，如果當事人所接收的資訊是不合理的，那麼這時候他就是屈從，其內心是不認同的。

　　如果在低頭的同時，人的脊柱是彎曲的，甚至身體的其他部分也都在順從地心引力，呈現出了彎曲又或是降低的姿態，那就可以判定當事人是沒有反抗心態的，雖然其心理面不一定認可，但是卻不想反抗。同時這也說明，當事人對彼此之間的身分差異是完全認同的，他心裡面很自然地認為自己的身分比較低。

　　在日常生活中，當一個人做錯了事情，心裡出現懊惱、自責等情緒時就會低頭，我們也常會用「垂頭喪氣」來形容這個動作以及它所代表的心理狀態。同樣，當一個人缺乏自信時也會低頭，因為缺乏自信的人是非常害怕與人進行眼神交流的，也不希望別人注意到自己，所以就習慣於透過低頭來逃避別人的目光。

　　當一個人在表達內心的不滿，又或是否定意見的時候也會低頭，這樣做可以不給對方眼神交流和對視的機會，表明內心已經不再接收對方的資訊，又或是在提醒對方已經可以停止當前的談話了。

┼┼ 拍打頭部背後的心理含義 ┼┼

【心理學故事】

　　吳亮和鄭鵬是大學同學，畢業後連繫得比較多，不工作的時候還會約著在一起吃飯喝酒。吳亮原本在一家科技公司上班，本來工作得挺好的，而且馬上要升職了，誰知道突然從總公司調來了一個經理，吳亮就是和這個新來的經理處不好，兩個人經常因為一點小事就鬧矛盾，搞得吳亮每天心情都不好。時間一長，他甚至覺得這位新來的經理是在故意針對自己，

慢慢地，他產生了辭職的想法。

這天，心裡不痛快的吳亮下班後約了鄭鵬一起吃飯，其實吃飯只是個藉口，主要是想把心裡的事和老同學說說，這樣自己心裡也能舒服一些。

誰知道他把自己想要辭職的事和鄭鵬說了之後，鄭鵬說正好他們公司也在招人，而且應徵的職位和吳亮現在的職位差不多，如果吳亮感興趣的話可以幫他問問，看看能不能把他介紹過來。

吳亮一聽挺高興的，就詳細了解了鄭鵬他們公司應徵職位的相關情況，結果發現有的職位自己完全可以勝任。於是他就讓鄭鵬替他們公司負責應徵的上司介紹一下自己的情況，問一下自己能不能來他們公司工作。鄭鵬聽了連聲說「沒問題，包在他身上」。

回去之後，他把自己的履歷傳一份到鄭鵬信箱，然後就開始靜靜地等消息，結果一連一週鄭鵬都沒給他回覆。他等得有點著急，於是就又約鄭鵬打算問問這事，結果當他問鄭鵬：「我託你問的事怎樣了？」這時鄭鵬並沒說話，而是做了一個用手拍打頭部的動作，而且很尷尬的樣子，看到這些吳亮就知道他肯定還沒問，雖然有點生氣，但他知道老同學不是有意的，就說：「看你的樣子就知道還沒問，明天上班可一定要記得問啊。」

鄭鵬很不好意思地說：「一定，一定。」

第三天吳亮就收到了去鄭鵬他們公司面試的通知，而且很快就被確定錄用了。

【心理學家分析】

心理學家認為，當我們在日常生活中看到有人用手做出了接觸頭部的動作，那就有理由懷疑這個人想要對某些負面的想法進行隱藏，可我們弄

不清具體是哪種負面的想法。要想搞清楚這一點，我們就必須仔細觀察行為人的每一個具體動作，並且還要從整體上對其內心的真實想法進行分析。

比如具體到拍打頭部這個動作，它在大多數時候所表示的是自責和懊悔。當我們拜託朋友幫自己辦一件事時，過段時間問他：「託你辦的事怎樣了？」如果這個時候他做出了拍打頭部的動作，那我們就不用再問了，因為很明顯他還沒有辦好，或者是根本就沒開始辦，因此他在因為沒有把我們的事放在心上感到自責。

而拍打頭部的具體部位不同，所表示的意義也各不相同。美國談判協會的專家發現，拍打頭部時，習慣拍打後頸的人通常來說都是比較內向的，又或是平時為人比較刻薄；而那些習慣拍前額的人則比較外向，而且也比較容易相處，心直口快，一點心機都沒有。此外，他們還坦率、真誠、富有同情心，如果我們想要了解一些祕密的話，他們會是最好的人選。不過這並不是說他們是不值得信賴的，相反，他們很願意為別人提供幫助，也願意為別人著想。如果他們有什麼地方得罪了我們，那一定不是有意的，這都是因為他們太坦率了。

心理學家認為，如果我們在與人交朋友的過程中對方經常拍打腦後，那就說明他對感情是不大重視的，而且對人也比較苛刻，他之所以會選擇和我們做朋友，相當程度上是因為我們在某個方面是可以供他利用的，通俗點說就是他用得著我們才會和我們做朋友。當然，對方也確實有很多方面是值得我們學習的，如做事有主見、聰明、思想獨特、執著、具有開拓精神，尤其是喜歡接觸新鮮事物，有很強的學習動力。

有的心理學家認為，人們用手拍打頭部，其實是想透過這個動作刺激

自己的腦細胞，從而達到活躍思想的目的。人們在迫於無奈的情況下也會做出這個動作。實際上，想要透過該動作來活躍思想只是我們的一種主觀想像罷了，具體的效果是怎樣的卻沒辦法論證。但是隨著這種意識變得越來越強烈，人們會透過該動作表達自己的領悟能力，這就又延伸出了「恍然大悟」的意思，所以很多人都認為拍打頭部是在表示一個人「恍然大悟」。

　　需要說明的是，由於拍打頭部的動作有著非常豐富的含義，所以在現實生活中很容易被誤讀，從而讓我們得出錯誤的結論。因此，一定要做到具體問題具體分析，要善於從整體上對每個微動作進行全面分析。

仰頭的背後是憤怒還是敬仰

【心理學故事】

　　衛明是一個談判專家，他和一家房地產公司的老闆蔣波是大學同學。最近這家公司要和美國的一家房地產企業聯合開發一個度假村，雙方進行了初步了解和接觸後，達成了初步的合作意向，不過最終卻因為具體分紅比例的問題產生了嚴重的分歧。這家公司認為度假村將來的收益自己要占60%，而美國方面卻要求自己占 55%，對方占 45%，而且雙方都有充分的理由。

　　因為雙方都沒辦法說服對方，談判就陷入了僵局，蔣波看到這種情況心裡很著急，因為公司董事會對這次合作是很看重的，他們想透過這次的合作開啟美國的市場，況且如果這次合作能成功，他們就又能打造出一個

品牌，也能學習到美方在度假村的建設和管理上的先進經驗。而美方公司和他們的想法其實差不多，這也是為什麼談判陷入僵局，但是沒有破裂的真正原因。

但話雖這麼說，老是拖著也不是辦法，為了打破僵局，蔣波就找老同學衛明幫忙出出主意。衛明聽了他介紹的情況後，建議他直接找對方的老闆談，這樣不但可以節省時間，而且也能更直觀地了解對方的想法。

蔣波覺得很有道理，就和對方老闆連繫說是否有時間直接對話，結果對方說可以，但是要求在美國見面。而蔣波以公司太忙脫不開身為由拒絕了，最後雙方決定在新加坡見面。

於是，衛明作為蔣波聘請的談判顧問和他們一起去了新加坡。到了約定的時間，為了表示合作的誠意，蔣波和衛明主動到美方老闆（華人）下榻的酒店去見他。結果雙方在會談的時候，衛明卻發現美方老闆的座位要比蔣波高出不少，這明顯是想透過這種小把戲讓蔣波仰頭看他，從而贏得心理上的優勢。所以衛明發現後馬上說：「我看蔣總坐得好像不太舒服，還是換一把椅子吧。」說完，他就從旁邊拿了一把椅子向蔣波走過去，蔣波雖然不明白他為什麼要這麼做，但還是站起來讓他換了椅子。結果換了椅子後，蔣波明顯要比美方的老闆高了一些，可以看得出來美方老闆覺得很不舒服，可是他並沒說話。

第一輪的交流結束後，美方老闆走過來對衛明說：「想不到你們的團隊中還有這樣的高手，我承認之前我們是搞了一點小動作，真是讓您見笑了。」衛明聽了就說：「如果換作是我們的話也會採取這樣的做法的，這只是一種談判技巧而已，我們都能理解。不過，既然今天大家坐在這裡，就說明雙方對合作都是有誠意的，那我們就開誠布公地談，您看怎麼樣？」

美方老闆說：「我同意您的看法。」於是，在接下來的談判中大家開始直奔主題，當然也有討價還價，不過此時的溝通明顯比之前順暢多了。最終雙方都做出了讓步，談判也獲得了成功。

【心理學家分析】

心理學家認為仰頭所表達的含義較為豐富，而這些含義是與人類的進化歷史有著密切連繫的。仰頭的動作其實來源於動物，猩猩、狒狒等靈長類動物在相互示威的時候經常會把頭仰起來，而且下巴還會向前突出，而人們在吵架的時候也會做出這個動作。所以，這個時候仰頭表示的是生氣、憤怒的意思。比如一個犯人如果心中對法官有著嚴重的不滿，覺得自己遭受了不公正的審判，那麼他在接受法官詢問時就會高高地仰起頭，以此來表達對法官的憤怒和不滿。

此外，仰頭的動作還可以從小孩子身上觀察到。當一個小孩向大人要東西的時候，由於身高較低，就需要把頭仰起來望著大人，希望大人能滿足自己的要求。而在成年人身上也可以看到這個動作的痕跡，比如當一個人有求於人的時候，普通人面對權威人物的時候，個子矮的人面對個子高的人的時候，通常都會仰起頭聽對方說話，所以仰頭還有尊敬、祈求的意思。

影視劇中皇帝的寶座總是高高在上，而大臣們站的地方會比他低很多，因此大臣們看皇帝時就需要仰視，這樣做就是要讓大臣下意識地從心裡把自己當成權威。同樣，有的管理者為了讓員工仰視自己，與員工交談的時候會讓員工坐在低處，而自己則會坐在經過精心設計的位置比較高的座椅上，這樣員工在與他交流時就會很自然地仰視，從而在無形之中將其當成權威。有的人在和客戶交流或是談判的時候，也會想辦法讓自己坐得

高一點，這樣就可以讓客戶仰視自己，從而產生心理上的優勢，更有利於掌握主動權。

在生活中，個子高的人更容易給人留下美好的印象，有人曾做過這樣一個實驗：

他們隨機選擇了 20 名志工，要求他們對與自己站在一起的不同性別的模特兒進行第一印象評估，滿分是 10 分。

模特兒共有兩組，第一組是 3 位身高差距在 5 公分左右的男性，第二組是 3 位身高差距在 3 公分左右的女性。最終的統計結果顯示，不管是男性組還是女性組，身高占優勢的人所獲得的平均分是 8.7 分，而身高相對較低的人所獲得的平均分只有 7.1 分。

研究者認為之所以會出現這樣的情況，是因為人們在與高個子交流的時候會不自覺地仰起頭。而仰頭的動作會不知不覺地導致敬仰感的產生，所以評分自然就會高一些。

此外，關於仰頭，有的心理學家還提出過一些非常有趣的問題，比如乘坐電梯的時候，為什麼很多人都喜歡看著電子螢幕所顯示的樓層數？為什麼電梯裡的那些廣告，都放在要仰起頭才能看到的地方？

心理學家認為，這其實是因為我們每個人都有屬於自己的「私人空間」，也就是我們常說的心理上的安全距離。它主要有兩個功能：一是可以對抗外界對我們的情緒和身體帶來的潛在威脅；二是決定了我們具體透過哪一種感情通道來與人進行交流。

所以，當一個陌生人進入自己的安全距離時，我們就會不自覺地恐懼、緊張。而封閉的電梯是一個非常狹小的空間，這樣一來人與人之間的私人空間就被迫出現了交集。這樣的情況下感到緊張、不舒服的我們就想

早一點脫離這個封閉的空間。而在暫時還無法逃離出去的時候，自然會想要轉移注意力，但這時候看身邊的人是不禮貌的，所以我們就會看看廣告或是螢幕上變化的數字，這樣做不僅可以讓自己獲得一種掌控感，還能夠轉移注意力以及緩解緊張感。

頭部形狀背後的祕密

【心理學故事】

何淼今年 29 歲了還沒對象，爸媽很操心，經常催她。前段時間閨密替她介紹了一個男朋友，兩個人見了一面後覺得很有眼緣，也談得來，所以接觸就多了起來。結果，很快她就發現自己貌似已經愛上了這個男人。這個男人很會說話，每句話都能說到她的心坎上，最重要的是他做事嚴謹，成熟穩重，而何淼就想找這樣一個人照顧自己。於是當這個男人又一次向她表白的時候，她接受了，就這樣兩個人確定了關係。

從那時候起，他們兩個只要有時間就會膩在一起，感情迅速升溫，很快就到了「非君不嫁、非君不娶」的程度。在這樣的情況下，何淼就想要正式把男友介紹給爸媽認識，她很希望爸媽能認可男友，得到爸媽的祝福。

當她把自己談戀愛以及想讓男友來家吃飯的事告訴爸媽後，她爸媽很高興，「女兒終於有對象了，看那樣子感情還挺好」。因此他們一點意見也沒有，很快就說好週六晚上讓女兒的對象來家裡吃飯。

到了週六下午，何淼的男友早早就來了，帶了不少禮品，何淼的爸媽自然說下次再來一定不要再帶禮品了，浪費錢。經過簡短的寒暄後他們很快就消除了陌生感，因為距離吃飯的時間還早，所以大家就坐在沙發上一邊吃著水果一邊聊天。

但奇怪的是，一開始何淼的爸爸還會時不時地說幾句，可到後來他就不怎麼說話了，只是隨聲附和，只剩下何淼的媽媽在詳細了解對方的情況。到了吃飯的時候雖然氣氛不錯，但何淼注意到爸爸也沒喝酒。

所以，吃完飯送走男友後，何淼就問爸爸：「今天是怎麼了，是不是對他印象不好？」爸爸聽她這麼說，就說：「他這頭型用專業語言來說是鴨蛋形，這種頭型的人是有很多優點，但是也有不少缺點，比如說比較自私，愛面子，重要的是無法承受過大的挫折和壓力，所以我覺得你和他在一起是不會幸福的。」

何淼很不以為然地說：「我和他雖然認識時間不長，但我們在一起相處的時候，確實沒有發現他有您說的那些缺點，再說我覺您拿頭型說事，純屬封建迷信吧！我覺得一點兒都不可靠，而且我對自己的選擇很有信心。」

爸爸聽她這麼說，知道她已經鐵了心了，所以就說：「希望我看錯了，你就按自己的想法做吧。」

結果 8 個月後何淼和男友分手了，原來隨著兩個人在一起相處時間的增加，她發現男友真的挺自私的，很多事都是以自己為中心，並不會考慮她的感受。而且更讓人接受不了的是，他遇到一點點打擊就會頹廢很久，這時候就需要何淼花很多時間來安慰他、開導他，一次兩次還行，時間一長，何淼就感覺很累。所以最後她實在受不了了，就提出了分手。

【心理學家分析】

　　有人曾向一位心理學家提出這樣一個問題：「我們有時候會透過頭部動作，去了解一個人內心的想法或是狀態，可是當一個人的頭部沒有做出動作時，是不是就無法傳達出任何心理資訊呢？」心理學家給出的答案是否定的，其實頭部的形狀本身就能傳達出很多資訊。

　　美國的心理學家就曾提出過這樣的觀點，頭部越大、越是飽滿的人智商就有可能越高，相反智商則可能越低。這種說法和我們平時所說的「腦袋大的人聰明」是相符合的。

　　而愛丁堡大學女王醫學研究所的研究者，對 48 名志工進行核磁共振檢查以及智商測試後有了這樣的發現：頭越大的人智商基本上就越高，一般規律是從前額到後腦，從頭的一邊到另一邊的空間範圍越大，智商也就越高。

　　事實上，在中國古代，透過觀察人的頭型去識人、用人的做法是非常流行的。看到這裡，有的朋友會說這不是封建迷信嗎？我們要強調的是透過頭部的形狀來識人用人絕對不是迷信，而是結合了心理學、生理學、醫學、骨相學、人類學等學科，並最終經過統計學歸納成了一門有用的社會學問。下面，我們就來了解一下生活中最為常見的一些頭部形狀背後所蘊含的心理資訊：

▶ 倒三角形

　　有著這種頭型的人前額既高又寬，下巴又尖又長，臉型看上去就像是一個倒立的三角形。擁有這種頭型的人以男士居多，女士則非常少。擁有該頭型的男人大多非常聰明，而且有著嚴謹的邏輯，好學，喜歡進行認真的思考，有很強的創造力，非常有想法，並且在藝術方面有天賦，遇到突

發事件時也能很好地解決，擁有很強的應變能力。

不過他們的體能比較差，不喜歡參加戶外活動，所以經常會顯得無精打采，沒什麼活力，常會有一些不切實際的空想，而且無法很好地控制自己的情緒，容易衝動。

▶ 凹額型

這類人的額頭後仰，鼻梁很高，眉骨又比較突出，嘴唇向後縮，下巴很長。這類人擁有敏捷的思維，智商也很高，為人謹慎，重視人際交往，還比較有氣魄。他們擁有很強的領導和組織才能，而且善於雄辯，時不時會吐出一句有意思的話，周圍的人能明顯地感受到他們的魅力。

不過他們在做事的時候會比較專制，而且通常比較固執，聽不進別人的意見，經常會質疑一些根本就不需要懷疑的事情。

▶ 鴨蛋型

從整體上看，這種頭型兩頭要略微圓一些，兩腮有些突出，看上去就像是一個鴨蛋。擁有這種頭型的男性，在說話做事的時候會非常謹慎，而且善於思考，給人成熟穩重的感覺，還善於交際。不過，他們最大的缺點就是比較自私，而且死要面子，對挫折與壓力的承受能力也比較弱。

而擁有這種頭型的女性通常可愛聰明，喜歡讀書，有著豐富的藝術細胞，性格溫順，對家務還很在行。缺點就是頭腦比較簡單，心胸較為狹窄，而且很容易衝動。

▶ 四方型

這種頭型的人前額飽滿，頭上半部分是方形，下巴也是方形，稜角分明。這種頭型以男性居多，女性比較少。

擁有該頭型的男性善於冒險，能踏實工作，生性活潑好動、熱愛自由，不喜歡被拘束，擁有充沛的精力，還喜歡運動。其缺點是，不喜歡讀書，做很多事都是三分鐘熱度，還無法對問題進行深入的思考，缺少主見。

▶ 新月型

擁有這種頭型的人做事非常謹慎，不會盲目信任別人，很少會衝動，通常不會做出什麼莽撞事，做事也比較果斷。

不過他們的缺點也是較為明顯的，比如考慮問題比較慢，說話時總是猶猶豫豫。非常固執，還經常產生幻想，而這些想法通常是沒有什麼創造性的。

▶ 似圓型

該頭型有著圓潤的下巴與飽滿的額頭，並沒有明顯的稜角。擁有這種頭型的男性和女性都是比較多的，男性大多處事圓滑，而且樂觀豁達，容易接近，具有很強的親和力。女性聰明溫柔、善良可愛，是難得的賢內助。

不過，這類人最大的缺點就是貪圖享樂、好吃懶做，由於不喜歡運動，所以也比較胖。擁有這種頭型的人不管是男性還是女性，都比較擅長行政管理與理財、管理帳目，但是如果讓他們當上大老闆，那就很有可能會日益腐敗。

常見頭部動作的心理含義

【心理學故事】

王啟明在一家廣告公司上班，他性格開朗，平時也以幫助別人為樂，所以很受同事的歡迎。這天上午他在辦公室對著新接手的策劃案枯坐了一個小時，但還是一點靈感也沒有，無奈之下就想出去走走，呼吸一下新鮮空氣。

於是，他走出辦公室前先是習慣性地掃了一眼，想看看同事們都在做什麼，結果看到大部分同事都在緊張地忙碌著，只有新來不久的馮娟呆呆地坐著，而且還用手來回摩擦著額頭。看她這情況一定是心裡有事，於是他就輕輕地走到馮娟跟前，對她說：「現在不忙吧，不忙的話我們出去聊聊，我現在是一個字也寫不出來。」

馮娟聽了，說：「我現在和你的情況是一樣的，不但沒有靈感，而且腦子裡更是一團糨糊。」

王啟明說：「既然你也寫不出來，我們到天臺聊聊，說不定就有靈感了。」於是，他們兩個就一起上了天臺，先是聊了聊彼此手頭的策劃案，也給了彼此一些建議，然後就開始聊天，結果聊著聊著居然就來了靈感，於是馬上跑下去開始寫。

還有一次，王啟明在辦公室看到同事陳慧縮著額頭，坐在座位上看著幾頁資料，而不遠處的馮娟好像有什麼事要過去找陳慧，而且她並沒有注意陳慧的表情。王啟明知道陳慧這時候肯定是心煩意亂，沒心沒肺的馮娟過去找她的時候，如果哪句話說不對，那就很有可能會激怒陳慧，兩個人

說不定會在辦公室裡吵起來。

　　想到這裡，他馬上快步走上前攔著馮娟，對她說：「我有點事和你說，耽誤你幾分鐘的時間。」說完就把她拉了出去。到了外面馮娟問他什麼事，他就說其實是不想讓她過去找陳慧，因為陳慧那樣子很明顯非常煩躁：「你現在要是去很有可能會被她罵，所以我才拉住你。在辦公室裡一定要學會察言觀色，要不然就會莫名其妙得罪人，到時候你多鬱悶啊。」

　　他說完，馮娟一臉崇拜地看著他說：「我怎麼覺得你什麼都懂啊。」他趕忙回答說：「你說得太誇張了，我只是平時留心觀察而已，你要是能多觀察，也能看出很多門道。」

【心理學家分析】

　　心理學家認為，當一個人在與他人交流的時候，如果做出了摩擦前額的動作，通常表示行為人此時內心是猶豫的，又或是感覺到了某種不適。

　　相關研究顯示，那些胸懷坦蕩的人大多有著突出的輪廓，給人清楚的視覺印象，並不會讓人有猶豫不定的感覺。而這些因素與額頭的外在形狀（突出輪廓）是一樣的，所以要想讓自己的心放寬，就要盡量讓前額變得寬大一些，也正因為如此，當一個人進退兩難的時候，總是會不自覺地摩擦前額。這樣做實際上是想要擴展額頭，從而寬慰內心，不讓自己太過憂慮。

　　除了摩擦前額外，在生活中還會出現一些與額頭有關的其他動作。比如當一個人皺眉的時候，通常就會縮緊額頭，皺眉本身就表示行為人已經心煩意亂了，再加上縮緊的額頭就更能展現這層含義了。所以當我們看到一個人縮緊額頭的時候，盡量不要去打擾他，否則他很有可能會將不良情緒一股腦兒發洩到我們身上。

當一個人用手支撐著前額的時候，表示他非常疲憊。那這個時候我們如果能送上一杯熱茶，或是一杯咖啡，對方一定會非常感激，這樣你們之間的感情也能增進不少。

下面，我們再來了解一些常見的頭部動作及其心理意義。心理學家認為，當一個人在與人交流的過程中頭朝側面移開，這基本上屬於一種保護性的動作，比如將臉部移開，以迴避對我們的身體有威脅或是可能會對我們造成傷害的事物。

▶ 頭部僵直

當我們與人交流時，如果發現對方頭部僵直，那就說明此時對方心裡覺得苦悶、無聊，而在商務談判中這個動作則表示中立的態度。如果我們在與人交流的過程中對方突然將頭部縮回，那就表示他在迴避，有時候也表示對事物的不認可或是不滿。

▶ 頭部上揚

在與人交流的過程中，突然將頭部上揚，然後又恢復常態，這就表示他很驚訝會遇見你，通常出現在彼此剛剛遇見，但還不是十分接近的時候。在這裡，驚訝是關鍵性的因素，而頭部上揚則代表了吃驚的反應。

▶ 頭部前伸

心理學家認為，在與人交流的過程中，如果對方頭部向前伸並且朝著自己感興趣的方向，那就說明他的心裡可能充滿了愛意或是恨意。前一種情況通常出現在一對戀人伸長脖子，並深情地專注凝視對方眼睛的時候；後一種情況通常出現在一對冤家或是仇家探出頭部的時候，這是在表示自己並不畏懼或是藐視對方，而且還以瞪著對方眼睛的方式來表達仇恨。

▸ 習慣性縮頭

在日常生活中，如果一個人在與人交流時習慣縮頭，具體來說就是向上聳肩，同時把頭低下來，縮在兩肩之間，這樣做其實是努力想讓自己看上去更渺小一些，避免打擾其他人。這樣的姿勢能夠保護柔弱的脖子與喉嚨免受攻擊。在商務談判又或是個人交際中，如果有人擺出這樣的姿勢，那就意味著他在恭順地向別人道歉。

▸ 扭頭

如果一個人在與人交流的時候做出了扭頭的動作，具體來說就是把頭扭到一邊，讓自己的視線完全脫離又或是部分脫離原來的交流對象。這樣的動作表示行為人對當前的事物或者話題是不感興趣、不能接受又或是否定和厭煩的。

該動作是視覺阻斷的一種變形，它最初源於嬰兒吃母乳時的動作，嬰兒出生後第一次做出扭頭的動作就是在吃飽了奶水之後，如果這時候母親繼續給嬰兒餵奶，那他就會把頭扭向一邊，以此表示拒絕。所以當我們與人聊天時如果對方做出這樣的動作，我們就應該明白，對方對我們說的話不感興趣，這時候我們就該換個話題。

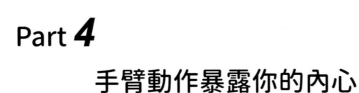

Part **4**
手臂動作暴露你的內心

在與人談話或是交流的過程中，有的人會下意識地用手遮住嘴，又或是當說到一些關鍵的時候，有人會透過假咳嗽，藉此用手遮嘴，再或是用幾根手指或是緊握的拳頭遮住嘴。心理學家認為，這樣的動作表示說謊的人在試圖阻止自己說出那些謊話。

摸鼻子代表的含義

【心理學故事】

劉承羽和初戀是青梅竹馬,兩個人在一起 5 年,雖說聚少離多,可她還是一心想要嫁給他。但讓她沒想到的是,這個相戀了 5 年的男友,有一天卻突然和她斷絕了一切連繫,於是他們就這樣分手了。後來過了好久她才知道,原來前男友早就愛上了別的女孩,只是一直欺騙她而已。從此以後她就特別不能容忍欺騙,一心想要找一個不會騙自己的人結婚。

在一次讀書會上她認識了現在的男朋友樊濤,兩個人因為興趣相同,所以很快就成了戀人,而透過一段時間的相處後,她覺得樊濤是個誠實可靠的人,就有了和他白頭到老的心思。正好這時候樊濤也表示想和她在一起生活,說是這樣能夠加深對彼此的了解,而且也能提前進入磨合期,這樣就算是有什麼問題也能提前解決。她覺得男友說的話有道理,就同意了。

兩個人生活在一起後雖然也會有一些小摩擦,但是每次都是樊濤首先道歉,這樣一來問題自然也就解決了。就這樣兩個人的感情迅速升溫,沒多久就聊起了結婚的事情。

不過,眼看著就要結婚的兩個人卻因為一個謊言而分手了,事情是這樣的:

最近,劉承羽一直在追一部名叫《別對我說謊》的美劇,看完之後就對裡面所講的,透過表情和動作來驗證他人是否說謊的內容產生了濃厚的興趣,而且還不由自主地用從電視劇裡學到的知識去觀察周圍的人,結果

還真讓她發現有些人在騙自己，不過她並不放在心上，只要樊濤不騙自己就行。

結果一天晚上樊濤給她打電話說晚上要加班，讓她別等他吃飯了，可是樊濤說話的時候有些吞吞吐吐，像是沒有組織好語言。這時她就覺得樊濤有可能是在騙自己，不過當時她沒有問他，因為畢竟只是懷疑。

不過，她還是提前來到樊濤公司的樓下等著，想要弄清楚樊濤究竟有沒有說謊。結果下班之後，她看到樊濤下樓後有一個女生來找他，而且那個女生她還認識，是樊濤的前女友，樊濤曾給她看過照片，因此她的心馬上就沉了下去，心想：難道他們是舊情復燃了？

來不及多想，只見他們兩個有說有笑地一起離開了見面的地方，於是劉承羽就在後邊跟著他們，直到看見他們進了一家酒店。看到這種情況她也沒法一直在外面守著，索性就回家了。

到了家，她心煩意亂，飯也沒吃，就一直等著。晚上快 8 點的時候樊濤回來了，她就裝作什麼事都沒有，拉著他的手問他：「今天工作很辛苦吧？工作完成了嗎？吃飯了嗎？」這時候他摸著自己的鼻子說：「為了你再辛苦都值得，只要能讓你過上更好的生活，飯吃過了，在公司叫的外賣。」

聽他還在繼續撒謊，劉承羽真的忍不住了，於是直接拆穿了他的謊言，就這樣兩個人分手了，因為她實在忍受不了親近的人欺騙自己。

【心理學家分析】

故事中所提到的，講話時摸鼻子的動作在現實生活中經常出現，而人們通常認為一個人如果在說話時不停地摸鼻子，那就表示其在說謊。這樣

的看法是經過科學研究證實的。

　　美國芝加哥的嗅覺與味覺治療與研究基金會的科學家透過研究發現：當一個人說謊的時候，體內就會釋放出一種名為兒茶酚胺的化學物質，該物質會導致鼻腔內部的細胞腫脹。此外，科學家還透過一種可以顯示體內血液流量的特殊成像儀器觀察到：人在撒謊的時候鼻子會因為血液流量的上升而變大，與此同時血壓也會上升。血壓的上升會導致鼻子膨脹，從而讓鼻腔的神經末梢傳遞出一種刺癢的感覺，這時候說謊的人就會不斷地透過用手揉搓或是摩擦鼻子來止癢。

　　此外，美國的神經學者阿蘭‧赫希與精神病學者查爾斯‧沃爾夫在對美國前總統柯林頓（Clinton）就萊溫斯基事件，向陪審團所做的證詞進行反覆研究後發現，柯林頓在講真話的時候是很少會用手去摸鼻子的，可是只要他一說謊，他的眉毛就會在將謊言說出口之前下意識地微微一皺，而且還會不自覺地摸鼻子，事實上他每隔四分鐘就會摸一次鼻子，在陳述證詞期間他總共用手摸了 26 次鼻子。

　　需要說明的是，日常生活中人們在講話時如果摸鼻子，那麼通常都是用手在鼻子的下沿快速地摩擦幾下，有的時候甚至只是輕輕觸碰一下，不仔細看的話是很難察覺的。而且女人在做這個動作的時候，與男人的動作幅度相比要更小一些，也許這樣做是為了避免弄花臉上的妝。

　　所以，如果我們在與人談話的時候，對方做出了摸鼻子或是揉搓鼻子的動作，那這個時候我們就應該認真考慮一下對方所說的話的真實度了。此外，說謊的人在回答問題的時候會回答得非常簡短，而且還伴有下意識地去撫摸身體的某一個部位、擺弄手指等細微動作。

　　需要注意的是，如果對方聽了我們所說的話之後，做出了摸鼻子或是

類似的動作，那就表明對方對我們所說的話表示懷疑。這個時候我們就應該想辦法打消他的懷疑。

不過，也有人認為說話的時候不斷地摸鼻子並不是在說謊，而是有其他含義。比如有的心理學家認為當一種比較壞的想法出現在大腦之中時，我們就會不自覺地用手遮住嘴，可是又怕自己表現得太過明顯，被別人看出來，所以會順勢摸一下鼻子。因此，有一部分人認為摸鼻子只是一種掩飾大腦中壞想法的小動作。

還有心理學家認為，當情緒或是氣氛太過緊張的時候，我們的鼻子就會變得乾燥，這個時候我們會不自覺地用手去揉搓或是觸控鼻子。而且當一個人遇到讓人不安或是擔心的事情時，心裡就會覺得恐懼，心跳也會加速。與此同時，人體內會分泌大量的兒茶酚胺和荷爾蒙，鼻子就會變得很癢，這時候我們就會頻繁地用手去摸鼻子或是揉搓鼻子。

需要說明的是，有時候一個人做出了摸鼻子的動作，可能只是因為有鼻炎、感冒、對花粉過敏，又或是因為眼鏡的壓迫而覺得不舒服。

不過，因為鼻子不舒服而揉搓鼻子與因為說謊而去觸控鼻子相比，還是存在著比較明顯的不同。比如因鼻子不舒服而揉搓鼻子時會相當用力，而因說謊觸控鼻子的動作則非常柔和。而且後者的動作會給人一種非常優雅的感覺，通常還會伴隨著其他動作，如交叉雙臂、晃動身體或是快速眨眼睛。

心理學家指出，在與人交流的時候，如果能夠確定對方不是因鼻子不舒服而觸控鼻子，那就可以得出其情緒激動或是緊張的結論。這個時候，我們就要想辦法弄清楚其因為什麼原因而產生了這種心理變化，是因為我們所提出的問題，還是其所給出的答案，又或是之前發生過的某些事情或

是狀況等等。結合這些因素，再排除病症等純粹的生理原因，或許就可以弄清楚摸鼻子的人究竟因為什麼感到緊張了。

托腮的含義

【心理學故事】

　　今年 30 歲的孫康，在 2016 年年底來到了現在所在的城市，剛來的時候因為一切都覺得新鮮，所以也並不覺得無聊。誰知道僅僅過了半年，這種新鮮感就消失了，隨之而來的就是平凡而枯燥的生活，尤其讓他難以忍耐的是無聊的週末。

　　後來有一天，他在逛書店的時候偶然發現有人在舉行讀書會，那本書叫《總統先生》，雖然他書根本沒讀過一頁，而且連作者都沒聽說過，他還是參加了，結果從此他就愛上了這種讀書會。

　　從那天開始，只要週末沒事他就會去參加讀書會，而且還跟著讀書會的活動安排讀了一些書。剛開始他因為和大家並不熟，而且對所讀的書也沒什麼深刻的感觸，大多數時候都是靜靜地聽著，很少發言。

　　去年 11 月，讀書會出公告說，12 月第一週的週日下午要在新開闢的閱開心書店舉行《安娜‧卡列尼娜》（*Anna Karenina*）讀書分享會，還說因為這本書比較厚，所以才多給大家一些閱讀的時間。看到要讀《安娜‧卡列尼娜》，孫康可高興了，因為他早就聽說過這本書，也早就想看了，於是馬上從網上買了這本書。

買了這本書後他真的是很用心地讀，有什麼不明白的地方會去查，而且自己看書的時候，有什麼想法和感受也都會記在書上，就這樣趕在讀書會的前一天把書看完了。

他對這次讀書會非常重視，而且也打算在讀書會上多講幾句。所以到了這一天，他提前半個小時就到了書店，還幫著工作人員布置了一下會場。

結果讀書會開始後，他發現今天來的人比往常多了一半，一看到這麼多人他就緊張。所以在簡單地對這本書的歷史背景，即俄國西元 1861 年改革進行介紹之後，他就不發言了，只是坐在那裡聽大家說。

在聽的過程中，他發現有些書友的觀點很新穎，很啟發自己，就忙著在書上記錄，心想這樣的話就是自己不發言也沒什麼。不過當他聽到大部分的書友都在歌頌安娜對沃倫斯基的愛情時，他卻有不同的看法，不過他也沒好意思說，只是在那裡默默地思考。

誰知道這時候，本次讀書會的主講人趙老師卻說：「孫康，我想你應該是有不同的看法吧，有的話就給大家說說吧。」

聽趙老師這麼說，孫康心裡很驚訝，心想趙老師怎麼會知道我有不同的看法。雖然有疑惑，但他還是站起來說出了自己的觀點，大意是安娜對沃倫斯基並不是愛情，她只是厭惡現在的枯燥生活，而想要追求新鮮的、不一樣的生活，正好沃倫斯基帶給了她這種生活。

讀書會結束後，孫康問趙老師：「您當時是怎麼知道我有不同的看法呢？難道您會讀心術？」這時候趙老師笑著說：「哪有那麼玄，我只是看你用手托腮，想起來在一本書上看過這個動作有可能是有不同的觀點，正在進行思考，所以我就多問一句。沒想到你真的有不同的想法，而且你說得很好，以後要多發言。」

【心理學家分析】

　　故事中提到了托腮這個動作，在現實生活中這個動作經常會出現，很多人認為做出這樣的動作時，表示行為人正在認真地傾聽並緊張地思考著，然而事實究竟是怎樣的呢？

　　其實，這個動作是有著多重含義的，比如有的心理學家認為該動作是一種用自己的手去代替朋友或是親人的手擁抱自己、安慰自己的行為，也就是說做出這樣動作的人此時心裡是比較無助、困惑或是傷心的。因此，在那些每天都嘻嘻哈哈的人身上是很少看到這樣的動作的，只有在那些滿腹心事、經常會覺得不安的人身上才會看到這樣的動作，而他們做出這樣的動作時有可能是在胡思亂想，也可能是想借託腮的舉動來為自己尋找一個可靠的支點，以此來填補內心的空虛與無助。

　　還有人認為，如果一個人與我們講話時出現了用手托腮的動作，那就說明他覺得我們所講的內容很無趣，根本沒辦法吸引他，也有可能是他正在對某個問題進行思考，很希望我們能夠認真聽他講話。

　　如果我們在和戀人交流的時候，戀人也出現了這樣的動作，那就說明他／她已經厭倦了當下與我們的聊天，很希望我們能夠張開雙臂抱一抱他／她。

　　如果一個人在日常生活中總是習慣性托腮的話，那就說明其平時也是得過且過、漫不經心，總是會覺得無聊、空虛或是寂寞，對現實生活感到不安，期待著新鮮事物的出現，期望自己能夠在某個地方找到幸福。然而幸福究竟是什麼，他們可能也不知道，而且他們總是抓不住幸福。如果真的幸運地得到了幸福，他們就會高興得手舞足蹈。

　　擁有這種個性的人，在談戀愛的時候會強烈地渴望被愛，想要獲得更

多的愛，可是他們總是很難滿足。從另一個角度來看，由於這類人老是覺得生活沒有意思，所以就習慣沉浸在自己所編織的夢中，從而嚴重偏離了現實，大腦中全都是一些浪漫但不切實際的幻想。不過與他們交流的時候，我們總是會遇到一些意想不到的有趣話題。

雖然他們就像孩子一樣隨時需要呵護，但是對他們太過關心也不是什麼好事，因此拿捏好尺度，適度地滿足其需求才是最佳選擇。

而經常做出這種動作的人除了應該想一下，是不是因為自己內心空虛才做出這樣的動作，此外還要盡量讓自己的生活變得充實起來，以緩解心中的不安。要試著透過心態的調整對這種狀態進行改善。

看到這裡，有的朋友會說，同一個動作卻有這麼多的含義，那究竟該怎樣去判斷動作背後的真實含義呢？其實很簡單，關鍵就在於「托」的力度上。心理學家指出，當一個人在認真傾聽對方講話時，雖然也會用手「托」腮，但是這個力度是很輕的，伴隨著「托」的動作，他的手指和臉部通常是非常貼近的。相反，如果一個人把整個頭部的重量都放在用來「托」住它的手掌上的時候，那就表明他對眼前所發生的事情或是正在進行的談話一點興趣也沒有，而這時候除了「托」的力度比較大之外，當事人的眼神也會顯得比較呆滯。

而一個人對當前正在進行的談話產生了不同意見，內心正在進行思考時所做出的動作是這樣的：單手托腮的時候，會出現大拇指抵在下面，而食指豎起來緊緊挨著臉部。這樣的動作或是姿勢維持的時間越長，內心的批判態度也會持續得越久。

╫ 摸下巴代表的含義 ╫

【心理學故事】

　　王茂是一家婚禮策劃公司的策劃總監，他大學畢業後就進入這家公司工作，一步一步走到了今天這個位置，在業內擁有不小的名氣，所以很多新人都想找他策劃婚禮。可是他一個人就算再有能力，也做不了那麼多事，所以慢慢地，他就只接一些大策劃，其餘的都交給下屬去做。

　　這天公司來了一位客戶，這位客戶別的人都不找，只是點名要求王茂做婚禮策劃，還說自己不怕花錢，只想給新娘一個浪漫的、難忘的婚禮。王茂一聽來了這麼一個大客戶，當然不能放過這個賺錢的機會，就親自接手了這個策劃。

　　結果一了解才發現，這個客戶是某上市公司的老闆，這次是要和初戀結婚。此前因為種種原因讓初戀等了自己將近 20 年，所以這次要竭盡所能給她一場終生難以忘懷的婚禮。

　　了解到這個情況後，王茂覺得既然人家不在乎錢，又要求策劃一場難忘的婚禮，那就豪華一點。於是他做了一些研究後，就制定了一份豪華夢幻的婚禮策劃方案，然後把這個方案拿給客戶看。

　　客戶看了之後說覺得不錯，只不過要徵求新娘的意見，所以就讓王茂單獨與新娘談。但誰知道，新娘聽完王茂對婚禮的描述後，卻做出了撫摸下巴、緊皺眉頭且雙臂交叉抱於胸前的動作，王茂看到這個動作後，馬上明白對方對自己的策劃並不滿意，於是就說：「看得出來您對我的策劃有不滿意的地方，我很想聽聽您的真實想法。這樣我也好進行針對性的修

改，畢竟這是屬於您的婚禮。」

新娘聽了之後不好意思地笑了笑，然後說：「我是覺得這樣的婚禮實在太豪華了，有點浪費，而且覺得真正浪漫難忘的婚禮也不一定非得是豪華的婚禮啊！我們兩個能走到今天，難道還會在意那些外在的形式嗎？」

說完她又簡單談了一些自己對婚禮的想法，還和王茂講了自己和新郎的愛情故事。隨後，王茂根據她所說的重新制定了婚禮方案，結果新娘很滿意。

【心理學家分析】

故事中出現了撫摸下巴的動作，我們在日常生活中會經常見到有人做出這樣的動作。心理學家認為：通常情況下做出該動作時，行為人正在進行認真的思考，並且將要對某個問題或是某件事做出判斷或是決定。

不過，這個動作還可以分化為很多細小的動作，而這些細小的動作又有著各不相同的含義。

如果我們在針對一個問題發表看法時，對方身體微微前傾，而且單手或是雙手托著下巴，眼神專注地看著我們，那就說明我們所講的內容已經深深吸引了他，他正在認真聽我們講話。其實那些經常上臺發言的人如果仔細觀察的話就會發現，認真傾聽的觀眾都有用手輕輕托住下巴的動作。

當我們發現聽眾開始輕輕地抓摸下巴或是輕輕摩擦下巴時，就說明這個時候他們的大部分精力並沒有放在傾聽和思考上面，而更多的是在思考我們的觀點是否正確，又或是自己是否能夠接受我們的觀點，隨後就會根據自己的判斷而得出否定或是肯定的結論。

當我們發現聽眾開始抓摸下巴的時候，就要特別注意其接下來的細微

動作變化，因為這些細微的動作將會告訴我們，聽眾是否定還是肯定我們的觀點。所以這時候我們必須保持冷靜，還要認真地觀察，這樣才能準確地對對方的立場或是觀點做出判斷。

如果對方在傾聽我們講話的過程中，出現了緊鎖眉頭的動作，而且還將雙手放下，背靠在椅子上，就說明其對我們的觀點或是看法可能是不太認可的。如果接下來對方在傾聽我們講話的過程中，做出交叉雙臂抱於胸前的動作，那麼基本上就可以確定對方對我們的觀點是完全不同意的。這個時候我們就要給其發表不同意見的機會，比如我們可以對他說：「你對我說的如果有不認同的地方，完全可以提出來，我們一起討論一下。」這樣就能及時解決問題，將反對者拉到自己這邊來。

如果對方在抓摸下巴之後接著舒展雙臂，歪著頭思考，並且輕微點頭、身體前傾的話，就說明他對我們所講的內容非常感興趣，而且還傾向於肯定我們的觀點。這個時候，我們就應更加自信地對自己的觀點進行深入的闡述，並且還要多與聽眾進行延伸交流，這樣對方會更加傾向於我們。

如果對方將抓摸下巴的手的一根手指，通常是拇指或是食指放在了嘴唇之間，又或是將筆的一端放在了嘴唇之間，那就表示對方還在遲疑，還需要一段時間才能做出比較確定的判斷。這個時候我們應該盡量多給對方一些積極的暗示，這樣才能加快對方做出肯定判斷的速度，而眼神交流、對關鍵細節的進一步解釋等行為，都可以讓對方減少猶豫，加快做決定的速度。

當我們發現對方的手已經沒有明顯的摩擦動作，眼神已經開始變得渙散，而此時的手好像只是用來支撐頭部的工具時，就說明他對我們所講的

話已經完全失去了興趣。這時候如果我們無法在自己所講的話題中，加入讓其興奮的內容，那麼就完全沒有辦法打消他的厭倦情緒了。

當一個人心理面非常得意的時候，也會摸下巴，而且通常會伴有下巴隨著臉部抬高的動作，有時候甚至會搖頭晃腦或是面帶笑容。

當一個人陷入孤獨、恐慌的情緒中時，也會用撫摸下巴的方式去緩解心中的焦慮與不安。值得一提的是，人在撒謊的時候很容易不自覺地撫摸下巴，美國前總統尼克森（Nixon）曾被捲入「水門事件」，當時他在接受記者採訪時多次做出了撫摸下巴的動作。事後，心理分析師認為這並不是尼克森的習慣動作，而是掩飾謊言的下意識行為。所以儘管他一直強調自己與「水門事件」沒有關係，還是難以得到公眾的信任。

如果在談話的過程中，我們與對方話不投機又或是被戳中了痛處，心裡覺得尷尬時，也會出現撫摸下巴的動作。

抓撓耳朵的含義

【心理學故事】

孫濤是個文科生，上大學的時候對所謂的電腦熱潮一點都不感興趣，所以畢業之後，他對於電腦的了解也只限於會打字、能開關機、會登入通訊軟體聊天，僅此而已。不過他沒想到的是，日常的工作變得越來越依賴電腦，這樣一來他的工作就受到了很大的影響。可是內向的他又不想麻煩別人，所以他經常很焦慮。

一天上班的時候，上司安排他整理當前市面上公司產品的同類競品的資料，安排好之後，上司有事就先走了。然後他就開始忙著找資料做了起來，直到下午四點鐘才做好。還沒來得及喝口水，上司的電話就來了。上司說自己有事回不去了，第二天要直接出差，讓他把整理好的材料做成Excel 表傳到自己信箱裡，還說晚上會看。雖然他根本就不懂怎麼弄 Excel 表，但還是滿口答應了。

　　答應起來容易做起來難，他先是在網路上搜怎麼做 Excel 表，可是看了好些網頁也沒弄明白該怎麼做，一看時間快下班了，上司交代的事卻一點進展都沒有，心裡真的很焦慮，於是就不自覺地開始抓撓耳朵。就在這時候，坐在他隔壁的同事劉京廣問他：「你是不是有什麼急事啊？或者有什麼事解決不了，看你急的，看看我能幫你嗎？」

　　聽同事這麼說，他還真是有些不好意思，就把上司安排的事說了。劉京廣聽了說：「就這點事啊，你自己不會可以找別人幫忙啊，再說找人教教你不就會了嗎？」

　　說完他就開始手把手地教孫濤怎麼做 Excel 表，最終他不僅順利完成了上司交代的工作，還學會了使用 Excel 表。事後他問劉京廣是怎麼知道他心裡很著急的？劉京廣說：「我最近在看微表情方面的書，上面說一個人在抓撓耳朵時其實心裡很焦慮，而且我看你當時頭上都冒汗了，所以就想你是不是有什麼事解決不了，才想問問你。」

【心理學家分析】

　　故事中出現了抓撓耳朵的動作，這個動作經常出現在成年人身上，不過該動作其實也包含了多種變化或是更為細微的動作，而每種變化背後又

有著不同的含義。下面，我們就來簡單了解一下：

如果在與人談話時發現對方在不停地抓撓耳垂、耳背又或是整個耳朵，就表示這個時候他的內心非常焦慮不安。

英國的查爾斯王子（Prince Charles）在進入滿是賓客的房間，又或是穿過熙熙攘攘的人群時，通常都會做出抓撓耳朵的動作，這些動作反映出其內心的不安與緊張。而且人們從來沒有看到過他在相對安全私密的車內做出過這樣的動作。

所以，當我們看到對方出現不停地抓撓耳朵又或是抓撓耳垂、耳背的動作時，就應該主動詢問、幫助對方，使其順利戰勝目前的困難。這樣一來，我們與對方的距離就會拉近，交流起來也會事半功倍。

如果你是個業務員，在滔滔不絕地向客戶介紹自己的產品時，發現對方用手指摩擦耳郭，那就要馬上停止自己的介紹。這時候要做的是給對方發表意見的機會，因為對方已經表達出了不想聽的意思，他用手指摩擦耳郭，就是想阻止這些話進入自己的耳朵。他對你所說的觀點持反對意見，而且正在醞釀著自己的觀點。

如果我們在和他人交談的過程中，發現對方將整個耳郭向前折並且蓋住了耳洞，那這個時候我們就應該馬上停止談話，因為對方做出這樣的動作其實是在告訴我們，「我真的不想聽你再說了，我已經聽得夠多了」。這樣的動作是所有抓撓耳朵動作中，最為直接的傳達不耐煩資訊的動作，所以當我們看到與自己交談的人做出這個動作時，一定要及時轉移話題或是乾脆停止交談，否則就會給人留下囉唆的印象。

在生活中，如果我們正熱情地和一個人說一件事，而對方卻將指尖伸進耳道去掏耳朵，當我們看到這個動作時一定會非常不高興，而且此時我

們也沒有再講下去的必要了。因為這個動作表示對方對我們是不尊敬的，而且對我們所說的事根本就不屑一顧。所以這個時候我們可以禮貌地問對方：「你在聽嗎？有什麼看法嗎？」

如果我們的對面坐的是長輩或是上司，那我們就要換一個話題又或是給其提供一個發表意見的機會，因為就算我們堅持說下去，也是沒有任何意義的。這個時候對方的注意力已經完全不在我們的身上，再說下去也只是浪費口水而已。

看了前面的內容，有的朋友會說當自己覺得耳朵癢的時候，也會用手抓撓耳朵又或是用指尖掏耳朵，這完全是正常的生理需要，不撓的話會很難受，這樣做並不是不想聽對方說話或是不耐煩的意思。雖然如此，但是與我們交流的人卻不知道我們是真的耳朵癢，對方會覺得我們是不耐煩或是不想聽自己講話。所以，在與他人交流時盡量不要抓撓耳朵，因為這樣做會帶給對方一些負面的印象。

如果真的是非要抓撓不可的話，也一定要注意技巧，比如要趁著對方不注意的時候，快速地抓撓一下耳朵發癢的地方，或者是在捋頭髮或變換坐姿的時候順便抓撓一下耳朵，而不要讓自己的手一直在耳朵周圍轉來轉去，這樣難免會讓人多想。

需要指出的是，在義大利，抓撓耳朵的動作通常被人看作是女人生氣的表現，甚至還會被當作是同性戀的象徵。

此外，心理學家還認為抓撓耳朵同樣也是說謊的表現，為什麼這麼說呢？

美國心理學家保羅・艾克曼（Paul Ekman）在為精神病學者們作演講的時候，有人問了這樣一個問題：「如果有一位曾經想要自殺的精神病患

者告訴你，他已經好多了，週末想要在外面度過，你該怎麼辦呢？很明顯，從醫學角度來說，精神病患者是沒有可能那麼快康復的，但是患者又總是信誓旦旦地說自己完全好了，而且他看上去很誠實，不像是在說謊。面對這樣的情況，應該如何判斷他究竟是不是在說謊？」

當時保羅‧艾克曼並沒有做出回答，因為他沒有有效的方法甄別精神病患者的謊言，不過隨後他就針對這個問題展開了研究。他先是錄製了自己與一家精神病醫院的患者在一起交流的影片，然後反覆地觀看。一開始他並沒有發現有人說謊，但是後來有一個患者告訴他自己說謊了。於是他又仔細觀看自己與這位患者交流的影片，並且放慢影片的播放速度一遍一遍地看，最後他發現有那麼一個瞬間，這個患者突然用手抓撓了一下自己的耳朵，而他抓耳朵時所說的話正是那句謊話。

此後，保羅‧艾克曼又進行了多年的研究，在總結了無數經驗的基礎上，他最終證實：人在說謊的時候會不自覺地用手去抓撓耳朵。

雙臂交叉是在自我防禦

【心理學故事】

李珊是一個談判專家，原本在某大型商業談判機構上班，後來因為在工作過程中和客戶產生了感情，觸犯了公司「工作人員不得和客戶談戀愛」的禁條，而主動離職。離職之後的她很快就和客戶結婚，從而做起了富太太，不過沒過多久她就厭倦了富太太的生活，想要出去工作。可是老公齊海卻不願意她再拋頭露面，這讓她很苦悶。

前段時間，齊海想要收購一家前景看好的科技公司，於是就投入了大量的時間和精力，尤其是當他從朋友那裡得知這家公司財務上出現問題，現有的資金只夠維持三個月後，更是下定決心一定要把這家公司收入囊中。

　　經過幾輪的談判後，齊海以 2 億元的出價成功地擠掉了其他競爭對手，終於可以單獨地面對面與對方談收購的事情，可就在這個時候對方卻突然提出了「收購價最低不能低於 8 億元」的條件，而且一點讓步的餘地都沒有。這樣的條件和態度讓他既惱火又摸不著頭緒，如果放棄收購又不甘心，可是對方 8 億元的報價自己實在不能接受。

　　進退兩難之際，他想起老婆是談判專家，可能她會有好的建議，於是這天晚上吃飯的時候，他就把這件事告訴了李珊，想聽聽她的看法。李珊聽了之後並沒有直接給出意見，只是說自己需要到談判現場對談判對手進行觀察後，才能得出最終的結論。齊海聽了之後也覺得有道理，就決定第二天談判的時候帶她一起去。

　　第二天的談判李珊也列席了會議，不過對方好像並不重視她，還是將齊海作為主要的談判對手，而她也只是坐在一邊靜靜地聽。

　　談判剛開始一會兒，雙方爭論的焦點就集中在了價格上，齊海對對方的孫總說：「我個人非常看好貴公司的前景，但是 8 億元的報價實在是有點超出想像。」孫總說：「齊總應該知道，在現在這個時候什麼事情都有可能發生，而且真的不止您一家公司想要收購我們，我們是因為看到了您巨大的誠意，才願意和您坐下來談的。而且 8 億元的報價真的不算高，說不定再過一段時間就有人願意出 10 億、20 億，所以還是請齊總好好考慮一下這件事，我們是衷心地希望齊總能夠抓住這次機會。」

　　聽對方這麼說，齊海覺得對方是肯定不會降價了，於是就使出了殺手鐧，他說：「我當然相信孫總所說的，不過我聽說貴公司的資金鍊出了問題，最多只能再堅持三個月，難道孫總就不怕在新的買家出現之前，貴公司就出現什麼問題嗎？」

　　這時候，孫總做了雙手交叉抱於胸前的動作，並且還斜著頭對坐在身邊的同事說：「這年頭真的什麼謠言都有，也不知道齊總是從哪裡聽到的消息，我可以負責任地告訴您，您所說的資訊是假的，我們公司的資金很充裕，一點問題都沒有。」

　　話說到這個份上，齊海都不知道怎麼往下說了，就在他想是否應該向對方妥協的時候，手機響了，拿起來一看發現是李珊給他發的微信，告訴他先暫時停止談判，自己有話要和他說。

　　於是，他就對孫總說：「大家談了這麼久肯定都累了，我給大家準備了點心，大家隨便吃一點，順便休息一下。」孫總聽了之後笑著說：「既然齊總這麼客氣，我們卻之不恭，只能欣然接受了。」

　　於是，大家都離開會議室到外面休息，齊海也帶著李珊來到自己的辦公室，問她有什麼要告訴自己的。李珊說讓他大膽地壓價，因為她看出孫總在說謊。齊海很驚訝，就問怎麼看出來孫總在說謊？

　　李珊回答說：「當你說出他們公司的資金最多只夠維持三個月的時候，他的雙臂交叉抱於胸前，這說明此時他的心裡很緊張，處於自我防禦的狀態，而且當時他還不敢看著你的眼睛說話，眼神飄忽不定，這更是說謊的表現。所以我敢肯定他們公司資金出了問題，他們提出 8 億的價格是在詐你。」

　　齊海聽了之後，雖然有些將信將疑，但最終還是決定相信老婆的專業

判斷賭一把，於是在隨後的談判中將自己的出價由 2 億元降為 1 億元，果然孫總覺得齊海已經看穿了自己的底牌，無奈之下只好接受了這個出價。就這樣，李珊運用自己所掌握的知識，成功為老公省了 1 億元，之後齊海也決定讓李珊到自己公司上班，專門負責商務談判業務。

【心理學家分析】

故事中提到了雙臂交叉這個動作，在現實生活中這個動作是很常見的，比如在談話的過程中，有的人會突然將雙臂交叉抱於胸前。心理學家分析，這個動作其實說明，此時對方的心理狀況是緊張或是消極的（如心情不好、不想與人交流），而且還有著很強的防禦心理。而他之所以想要防禦，是因為身邊的人或是眼前的人讓他覺得不安全，因此他才想要保護自己。這樣的動作其實是不安全感的本能流露。除此之外，做出這樣動作的人還很有可能是想對自己的焦慮、不滿情緒進行掩飾。

與此同時，這個動作通常還表示「你並不值得信賴」、「我根本不相信你」的意思，這都意味著對交流對象的排斥心理。

不過心理學家認為，我們並不需要敵視做出這個動作的人，他們只是有著比較強的警惕心而已，而且他們並不習慣與別人分享內心的祕密，也不願意別人欺騙自己；他們喜歡獨處，習慣與他人保持一定的距離，經常會選擇一個安靜的地方自己一個人待著。

需要說明的是，女性做這個動作時會比較含蓄，但也是清楚地表示拒絕。所以，如果一個女性對向其表示愛意的男性做出了這個動作，那麼這個男性如果識趣的話，就可以知難而退了。這樣的話彼此還能做朋友，如果繼續死纏爛打，那就很有可能會被無情地拒絕，甚至還可能會發生激烈

的爭吵。這樣一來，連朋友都做不成了。

此外，如果在約會的時候，女孩做出了交叉雙臂的動作，那就表示她對對方的觀點是不認同的。就算是她口頭上贊同對方的觀點，她所做出的這個動作也已經清楚地表明她對對方的話並不贊成。

如果在日常交流中，看到有人對我們做出了這樣的動作，首先請多關心他們，千萬不要攻擊他們，不要與之針鋒相對，要讓他們感受到我們的善意。這樣他們自然就會對我們放下戒備。在對其保持友善的大前提下，我們再來介紹幾種使其心情變得輕鬆、放開交叉的雙臂的技巧。

1. 在交談的過程中，我們可以讓對方看一些需要變化坐姿才可以看到的物體或是資料，比如放在桌子上的一些小物品，又或是一些影音、影像資料。這樣做一方面可以使其變換坐姿，另一方面也可以引起對方的興趣。

2. 可以找一件物品讓對方握著，比如筆、報紙、書本，等等。這樣他就不得不鬆開交叉的雙臂。

3. 替對方準備一把有扶手的椅子，這樣他就可以把手放在扶手上。

4. 給他找一件事做，比如請他喝茶、填寫調查問卷等。

與交叉雙臂相關的動作還有交叉雙臂、緊握拳頭，雙臂交叉抱胸、雙手放在腋下露出拇指，雙臂交叉抱於胸前、一隻腳在前、身體後傾等動作。下面，我們就來了解一下這些動作背後的心理含義。

心理學家認為，「雙臂交叉、緊握拳頭」這個動作所表示的是內心非常不安和焦慮。通常有些人在做了一些虧心事，覺得心虛的時候，就會做出這樣的動作。

「雙臂交叉抱胸、雙手放在腋下、露出拇指」的動作表面上看非常像天冷的時候，人們為了讓雙手暖和一點而做出的動作。其實，它包含著多層意義。雙臂交叉抱於胸前是在戒備或是防禦，而露在外面的拇指表示其比較有優越感。這樣的人在保持著這個動作與人交流的時候，通常會不停地轉動兩個拇指，這表明他對自己所講的話是非常有信心的，他相信自己所講的話可以打動周圍的人。

喜歡做出這個動作的人通常是非常嚴謹的，做事的時候總是會考慮很多，有了十足的把握後才會去做。此外，他們還非常善於思考，而且能勇敢地創新，所以經常會提出一些新奇但實用的想法。

「雙臂交叉抱於胸前、一隻腳在前、身體後傾的動作」則表示做出這個動作的人已經將一切都掌握在自己手中，而且有高度自信。

雙手放在背後的含義

【心理學故事】

付東亮大專畢業後，很長時間都沒有找到合適的工作，當時他在外面租房子住，每個月都要向爸媽要錢。所以過了一段時間後，他實在承受不了這樣的壓力，就找了一份電話銷售的工作。

這個工作就是每天打電話給陌生客戶推銷產品，賣得越多分潤越高，而且公司每個月都會給每個人制定一個目標，完成了這個目標才有薪資拿，完不成這個目標不但沒有薪資，還會在例會上被點名批評，如果長時

間無法完成目標，就會被辭退。

這一切都讓付東亮壓力很大，因為他並不擅長與陌生人溝通，而且他是那種慢熱的性格，有時候給客戶打電話連個開場白都說不好。所以每個月的業績都不怎麼樣，有時候還會沒辦法完成目標。

這個月他又沒有完成目標，所以非常緊張，這已經是他連續第二次沒有完成目標了，所以他生怕經理找他談話，怕被辭退。

可事情就是這樣，你越是怕什麼就越是來什麼，這天下班後經理問他：「你現在急著回家嗎？」聽經理這麼說，他馬上緊張地回答說：「不急。」經理聽了就說：「不急的話，來我辦公室，我們聊聊。」

他一聽就更緊張了，但還是跟著經理去了。到了辦公室，經理讓他把門關上，然後讓他坐下，還給他倒了一杯水，不過他也沒心情喝水。這時候經理問他：「你這個月的目標又沒有完成，我想知道是什麼原因？」

聽經理這麼說，他的汗馬上就下來了，然後回答說：「我嘴比較笨，不太擅長和人溝通，根本不知道該怎麼和客戶聊。」就說這麼一句，他就緊張得說不下去了。

這時候經理才發現他頭上冒汗，而且兩隻手都放在背後，走過去一看，發現他一隻手緊緊地抓著另一隻手的手腕。這時候，經理才知道他太緊張了，於是就笑著對他說：「你也別太緊張了，我今天叫你過來主要就是想看看你在工作上，是不是遇到了什麼問題，看看能不能幫你解決。我看你平時工作挺勤快的，所以業績不好應該只是沒掌握好方法。你也別著急，平時沒事的時候多練習一下，相信你一定可以做好。」說完，經理還告訴他很多與客戶溝通的技巧，以及與客戶溝通過程中需要注意的一些問題。

這時候，他才弄明白經理找他來不是要辭退他，而是真誠地要為他解決問題的，於是心裡非常感激經理。此後，他更加努力地工作，而且還積極運用經理教給自己的溝通技巧，因此工作業績也變得越來越好，再也不用擔心會被辭退了。

【心理學家分析】

　　心理學家認為雙手背後，昂首挺胸，下巴微微揚起，通常是政治家所慣用的動作。這樣的動作表明其非常崇尚權威，而且還充滿了自信。在日常生活中，我們會看到企業的老闆或是退休的老主管經常出現這樣的動作。此外，雙手放在背後還會給人一種鎮定自若的感覺。

　　做出這個動作的人通常會下意識地將脆弱、容易遭受攻擊的心臟、胃部、髖部以及咽喉暴露在外邊，從而顯示自己的膽量和勇氣。

　　一個人將雙手放到背後隱藏起來，別人也就不容易透過他的手來察覺其內心的活動，因此就會給人一種神祕感。而且對我們來說，隱藏的、看不見的東西要比看得見的東西具有更為強大的力量。

　　如果雙手放在背後，但是一隻手抓住了另一隻手的手腕，又或是另一隻手臂，那就表示這個人心理上非常緊張，想要透過這樣的動作對自己的緊張情緒進行控制。這種動作確實能夠造成一定的鎮定作用，可以賦予人某種力量，並且讓人產生信心。而一個害羞的少女在陌生人面前的時候也會不自覺地做出這樣的動作。在這樣的控制性姿勢裡，手握的位置越高，情緒緊張的程度、心中的挫敗感或是憤怒情緒也就越強。

　　有的心理學家認為，一個人在高興的時候，是絕對不會出現將手放在背後的姿勢的，所以當一個人將雙手放在身後的時候，我們就應清楚這樣

的人可能不太容易喜歡上一個人，他對周圍的一切事物或是人都採取一種防禦或是抵制的姿態。因為他的手放在背後，我們弄不清楚他手裡拿著的是鮮花還是刀子，正因為如此，他可以有效地釋放警惕的訊號來保護自己。這種動作所表達的意思是「你們不要靠近我，我不喜歡有人靠近我」。

說謊時的手部動作

【心理學故事】

孫越平時做事很謹慎，輕易不會說得罪人的話，也不會做得罪人的事，所以他和身邊的朋友都相處得不錯，大家有什麼事也都願意和他說。不過昨天他卻在無意之中做了一件得罪人的事，現在他還為這事後悔呢。

事情是這樣的：昨天他在書店看書的時候遇到了朋友唐敏，以前他們兩個曾在一起工作過，而唐敏的男友吳剛又是孫越的同學，所以他們兩個還是挺熟的。所以他一看見唐敏就很熱情地和她打招呼，這時候唐敏就說：「好久不見了啊，最近忙什麼呢？」

聽她這麼問，孫越就說：「哪有好久不見，前天我還看見你和吳剛在電影院呢，就是電影散場的時候。當時人太多了，我叫了你兩聲你都沒聽見。」

唐敏一聽覺得有點糊塗了，前天自己明明沒和男友在一起啊，於是馬上就問：「你確定你看到了我和吳剛在電影院？」

孫越聽了就說：「我沒看到你的正臉，只看到你的背影，不過吳剛

我是確實看清楚了，我還會認錯他嗎？」

　　這下子唐敏徹底確定男友背著自己劈腿了，於是就黑著臉問：「那當時我穿著什麼衣服？」

　　直到這時候，孫越才意識到自己說錯話了，於是馬上下意識地用手遮住嘴，然後支支吾吾地說道：「牛仔褲、白襯衫，好像還穿著風衣，其實我也沒看太清楚。」

　　只不過這時候唐敏已經沒心思聽他說什麼了，因為一看就知道他在說謊。於是唐敏馬上拿出手機給吳剛打電話，沒說兩句就吵了起來。

【心理學家分析】

　　在前面的章節中，我們介紹了一些說謊時的手部動作，比如摸鼻子、觸控耳朵等。這裡，為大家概括總結一下一個人在說謊時會做出的一些手部動作和其他微動作。

　　心理學家認為，在與人交流的過程中，如果一個人時不時地用手摩擦眼睛或是用手揉眼睛，那就說明這個人主觀上想要遮住眼睛所看到的、讓自己懷疑的東西，又或是在說謊的時候做這樣的動作可以避免正視對方的臉，是人們在「心口不一」的狀態下一種下意識的動作。因此，當我們在日常生活中看到誰在說話的時候，有揉擦眼睛的小動作，那就要在心裡對他所說的話的真實度打一個問號。

　　此外，當我們看到對方在提到一些重要的事情時目光總是游離不定，而且還避免與我們對視，我們也能明顯地感覺到他在往別的地方看，又或是仰頭看著天花板、低頭看著地板。那麼，這時候就可以判定他存在說謊的可能。

　　需要說明的是，男人在揉擦眼睛時通常是比較用力的，如果所說的謊言很大，那大多數情況下都是在眼睛的下方用力揉擦，這樣做是為了避開對方的注視。有時候他們也會下意識地將目光從對方的臉上移開，向別的地方看，而女人則通常會看著天花板。

　　如果我們在說話的時候，聽我們說話的人臉上帶著虛假的笑容，目光游離不定，則說明他對我們所聊的內容已經產生了懷疑，又或是有牴觸情緒存在。這個時候，一個好的溝通者就會從他的這些動作或是表情中捕捉到負面的資訊，從而及時地對自己語氣、語調又或是談話內容進行調整。

　　在與人談話或是交流的過程中，有的人會下意識地用手遮住嘴，又或是當說到一些關鍵點的時候，有人會透過假咳嗽，藉此用手遮嘴，再或是用幾根手指或是緊握的拳頭遮住嘴。心理學家認為：這樣的動作表示說謊的人在試圖阻止自己說出那些謊話。

　　所以，當我們面對做出這樣動作的人的時候，就要對其談話內容的真實性多加留意。相反，如果是在我們說話的時候，對方做出了用手遮嘴的動作，那我們最好是暫時先停下來問一下，他是不是有不同的意見，如果我們是面對聽眾在發表演講，而聽眾中有不少人都做出了交叉雙臂，又或是用手遮嘴的動作，那就說明他們認為我們所說的不符合實際情況，或者乾脆認為我們在說謊。那這個時候我們就要考慮一下將講話的內容，或是角度調整一下，盡可能地改變這種情況。

　　心理學家認為，人在說謊的時候會引起敏感的臉部與頸部組織的刺痛感，這個時候就必須用手去揉或是抓，那種刺痛感才會有所緩解。所以如果我們看到一個人在講話的時候用手抓或是搔脖子，那就代表他在說謊。

　　一個人在說話的時候如果單肩聳動，就說明他對自己所說的話是非常

不自信的，身體的真實反應和所說的語言是不一致的。所以當一個人做出這樣的動作時，就表明他在說謊。

　　心理學家認為，與人交談時下意識地拉衣領，也是說謊的表現。如果不能確定對方是否在說謊，就可以在其做出這樣的動作後問他：「請你把剛才的話再講一遍好嗎？之前我沒有聽清楚。」或者說：「是否能請你講得再清楚一些？」

　　如果對方是在說謊，那麼在接下來的重複講述中，就會出現前言不搭後語又或是支支吾吾的現象，進而再對其神態進行觀察，就可以判斷出其究竟是不是在說謊。

　　不過，英國某科學家的一份研究報告指出，人在說謊的時候更加傾向於靜止不動，而不是緊張地亂動。心理學家薩曼莎‧曼認為，人在說謊的時候必須比平時更加努力地思考，而當我們陷入思考之中的時候，往往會傾向於減少身體的動作，這樣才能保持精神的集中。

　　此外，研究人員還發現，某些特定的手勢，也能夠反映出一個人究竟是否在說謊，比如伸長手臂又或是使用有節奏性的手勢，對自己所說的話進行強調。而且，心理學家在對 130 名志工進行測試後還發現了幾種類型的手勢在說謊情況下的變化規律：

▸ **標誌型手勢**

　　給出一些直接的資訊，比如豎起拇指表示「好」，伸出手掌向下按表示「冷靜」，都是一個人在說謊的時候比較容易出現的。

▸ **比喻型手勢**

　　例如雙手比劃出心型來表示愛意，又或是分開雙手來表示尺寸。在人們說謊的時候，這類手勢出現的機率會上升 25%。

握手背後的潛臺詞

【心理學故事】

王夢南是某知名廣告公司的總經理，她是從一個業務員一步一個腳印走到今天的位置的，認識她的人都知道她是個敏感、熱情、誠懇、有才華、有激情的人，很多人都為她的魅力所折服。

當她還是個默默無聞的業務員的時候，曾經非常崇拜行業內的一個金牌銷售員，那個時候為了能和這個金牌銷售員見面聊一聊，她犧牲掉所有的假期，整整加班一個月，總算拿到了部門業績第一，也因此獲得了與金牌銷售員說幾句話的機會。可是當她真的與金牌銷售員見了面，她卻失望極了，而且還被深深地刺激了，原因是當她滿懷熱情與金牌銷售員握手時，對方只是輕輕地碰了一下她的手，另外一隻手居然還插在口袋裡，而且都沒有用正眼瞧過她。

這極大地傷害了一個敏感女孩的自尊心，從那以後她就下決心一定要超過那個金牌銷售員，而且她還發誓以後不管與什麼人握手，自己都一定會集中全部精力，並且要讓對方感受到自己的熱情。

從那以後不管她有多累，還是多不在狀態，每當與人握手的時候，她都會全神貫注而且充滿熱情，結果她的真誠與熱情感動了那些與她握手的人，很多人都願意與她合作。於是她的路開始越走越寬，業績也越來越好。

【心理學家分析】

　　握手是生活中非常常見的禮儀性動作，我們在和陌生人、熟人見面的時候都會握手。握手的動作雖然簡單，但是卻可以透過握手了解一個人的個性或是心理。

　　美國阿爾巴大學對一百多名大學生的握手方式進行研究後，得出了這樣的結論：一個人的握手方式是相對不變的，這與他的性格有關。通常那些握手有力的人，要比那些握手的時候輕描淡寫的人要更加開放、自如。一般來說，男人要比女人握手更有力，而那些擁有高智商、性格灑脫外向的女性握手時也是有力的，她們給人留下的印象要比那些輕輕一握的女人更深刻一些。

　　心理學家認為，與人握手的時候，如果掌心向下行握手禮，那就說明對方有著很強的壟斷欲和支配欲。這樣的握手方式表明對方覺得自己這時候處於高人一等的地位，而且幾乎沒有給對方留下建立平等關係的機會。

　　當我們面對以這樣的方式握手的人時，可以按照下面的方法去做，以此化解對方的進攻，與其建立平等的關係。

　　首先，當對方先一步發出握手的邀請後，我們可以在伸手回應的同時向前邁出左腳，然後馬上讓右腳跟進，這樣我們的身體重心就會前移。而因為重心改變了，我們的左腳就能繼續向前移動，這個時候我們也就成功進入了對方的私人空間內。這樣我們不但可以躲開對方筆直的手臂，提前占據握手時的有利位置，而且還可以透過握手取得交際的控制權。

　　如果握手的時候對方掌心向上，那就表示對方是比較謙和、容易接觸的，這樣的人通常比較容易改變自己的看法，也容易受到他人的支配。

　　心理學家認為，握手的時候非常用力，讓對方疼痛難忍的人通常有著

強大的自信心，而且精力充沛，為人比較獨裁專斷，但是擁有較強的領導和組織能力。

有的人把握手當作是例行公事，這樣的人沒有太多誠意，而且做事草率，是不值得信任的。有的人與人見面時總是會主動握手，表示其內心充滿了自卑和不安，總是誠惶誠恐。

在別人主動伸出手要握手的時候，才猶猶豫豫地伸出手的人或是缺少判斷力，或是出於某種目的，故意慢待對方。

心理學家認為，握手的時候緊握對方的手，不斷地上下搖動的人個性樂觀，對人生充滿了希望。他們的積極熱請會讓他們經常成為焦點人物，受人尊敬和愛戴。

握手的時候只是用手指抓握對方，掌心並不與對方接觸的人個性敏感、平和，容易情緒激動，但是很善良，又富有同情心。

長時間握住對方的手不放開的人情感豐富，喜歡交朋友，一旦建立了友誼，就會始終不渝。

有的人與人握手的時候只是觸控對方的手，給人一種不在意、漫不經心的感覺，這樣的人通常性情溫和，寬容豁達，給人一種灑脫的感覺，並且能隨遇而安。與他們在一起相處時，可以將自己的意見或是建議大膽地提出來，不必擔心他們會偏執的反對。

有的人在與人握手時，只是捏住對方的幾根手指又或是指尖，女性在與男性握手時為了表示自己的穩重與矜持，通常會採用這種握手方式。但如果是同性之間採用這種握手方式，那就不免顯得有幾分生疏和冷淡，如果是一個顯貴人物這樣與人握手，則表示其在刻意地顯示自己的尊貴。

當有人用雙手與人握手時，其實只是想要表達自己的誠懇、真摯和熱

情，而且這樣的人愛憎分明，對朋友能推心置腹，而且喜怒都在臉上，不會掩飾。

心理學家認為，握手的時候力量適度，動作穩重，兩眼注視對方的人性格坦率堅毅，有責任感而且非常可靠。他們擁有縝密的思維，善於推理，經常能為人提供一些具有建設性的意見，每當遇到困難的時候總是能快速地找出可行的應對方案，因此深得他人的信賴。

如果握手時對方把手握得很緊，但是只握了一下就抽開了，那就說明此人此時輕鬆自在，可是內心多疑，根本不願意吃任何人的虧。

心理學家認為，與人握手時手掌微溼的人表面上看去冷漠、鎮靜，可是內心卻非常緊張，所以他們會極力掩蓋自己的缺點和不足。

握手的時候一點力度都沒有的人，人們很難判斷他究竟在乎誰，而且與這類人握手就像是從抹布上面擠出一點水，表明他們比較懦弱，而且經常猶豫不決。

那些從不與人握手的人是有精神潔癖的，他們還不願意與人接觸，因為很擔心自己會染上什麼疾病，所以他們總是偏好獨自生活。

心理學家認為，如果我們想要試探一個人是否在騙人，那就可以一邊握著對方的手一邊問問題，如果對方一開始手掌很乾燥，中間突然開始冒汗了，那就說明他心裡有鬼，這時候就要對他所說的話打上一個問號。

手指動作背後的含義

【心理學故事】

　　袁弘是有名的「妻管嚴」，妻子的話對他來說就像是聖旨一樣，從來都不敢違背。比如妻子不喜歡他太晚回家，他一下班就回家幫著妻子做飯。不過週六下午他參加完讀書會，幾個書友說想一起吃個飯，他推託不過就答應了。

　　答應是答應了，可怎麼跟妻子說呢？實話實說，妻子就算是同意也肯定會生氣，到時候少不了又要給自己臉色看，所以他乾脆傳訊息跟妻子說公司值班的同事有點問題解決不了，需要自己幫忙，自己要去公司一趟，回去的時間不一定，讓妻子別等他吃飯了。結果妻子回了一句「好」。

　　收到妻子的回覆後，他終於可以踏實地和書友一起吃飯了，吃飯的時候他們聊得很高興，有的書友還買了酒，問他要不要一起喝。他雖然很想喝，但是又怕妻子知道他在外面喝酒了，就堅持沒喝。

　　吃飽喝足後大家就各自回家，袁弘回到家已經九點半了，妻子當時在敷面膜，看他也挺累了，也沒多說什麼，指示讓他趕緊盥洗，而且還提醒他別忘了做運動。他自然是趕忙答應。

　　第二天上班一切如常，袁弘為自己說了謊而妻子沒發現暗自慶幸，可是事情的發展卻遠不是他所想的那樣。這天晚上吃飯的時候，妻子很平靜地問他：「昨天晚上你真的是在公司幫同事解決問題嗎？」

　　一聽妻子這麼問，他心裡就慌了，可還是嘴硬地說道：「是啊。」妻子聽了又說：「別急著回答，想好了再說。」

這時他馬上抬頭看妻子，想要從妻子的表情中發現一些蛛絲馬跡，但誰知他看到妻子做出了尖塔型手勢，兩根手指還放在與眼睛平行的位置，並且正在注視著自己。就在那一瞬間他完全明白了，妻子這是什麼都知道了。於是他馬上就向妻子坦白了一切，隨後妻子雖然說了他幾句，但還是原諒了他。

　　後來，他還專門問過妻子是怎麼知道自己說謊的，妻子說自己也在他們讀書會的群組裡，今天上班時，有人在群組裡傳了他們昨晚聚餐的照片，妻子一眼就看到了笑得特別燦爛的他。

【心理學家分析】

　　心理學家認為，當一個人在交談的過程中出現「尖塔型」手勢（一隻手的指尖對應地輕輕接觸另一隻手的指尖所形成的塔型手勢，看起來就好像是高高聳立的尖塔一樣）時，就說明這個人有著強大的自信和優越感，而這種手勢或是動作通常會在從事會計師、律師、經理人等職業的人身上看到，而且這種手勢還經常出現在上下級之間的交談中，當上級指導下級又或是給下級提建議時就會出現這樣的手勢。

　　不過，當我們想要說服對方的時候，就要避免使用這種手勢，因為該手勢會給人一種狂妄自大、自鳴得意的感覺；相反，我們如果想要自己看起來更自信一些，那就應多使用該手勢。

　　尖塔型手勢可以分為正尖塔型和倒尖塔型兩種，人們通常會在發表意見或是說話時使用正尖塔手勢，而當我們傾聽他人的談話或是觀點時才會使用倒尖塔手勢。

　　相對來說，女性會更偏愛使用倒尖塔手勢，它是一種略顯拘謹的體態

語言。如果這個動作前面連線的是一系列正向、積極的身體語言，那就表示對方對我們是接納的或者對我們的話是認可的；相反，如果該動作前面連線的是一系列負面、消極的身體語言時，則表示了對方的否定心態。

而如果一個人在使用正尖塔手勢的同時又做出了頭部微微後仰的動作，而且目光游離，那就會給人留下一種傲慢、自以為是的印象。

需要說明的是，在女性做出尖塔型手勢的時候我們最好是認真對待。當她用手肘撐著桌面，指尖對碰，放在與眼睛平行的位置並且注視著我們的時候，就說明她已經掌握了一切，這個時候千萬不要說謊。

此外，做出尖塔形手勢的位置一定要靠上，也就是說要讓對方看清楚我們的動作。在開會的時候，很多女性會在桌子下面又或是十分低的位置上做出這樣的手勢，這樣做會大大降低她們的自信。

通常來說，一個人在與人交談的過程中，如果做出了十指交叉的動作，就要仔細看他的手所拜訪的位置：如果他將手放在了胸前，那就說明此時他熱情高漲，非常積極；而如果放在了小腹以下，那就說明此時其情緒比較低落、消極。

當一個人坐著的時候，如果十指交叉放在桌上，則說明他是很自信的；而放在大腿上的時候，則說明此時他比較緊張；當手指交叉過緊的時候，則說明其心中非常不安。

當一個人遭遇尷尬時，就會做出這樣的動作，比如當我們不小心弄壞了同事的東西時，就會一邊做這個動作，一邊做出解釋，這時候這個動作是在表達我們心中的歉意。

我們在與人交流時，如果發現一個人的手指一直在彈動，那就說明這個人正處在緊張的情緒中，所以雙手都不知道該往哪裡放。因此才會不停

地彈動，以此來緩解自己的緊張情緒。

在日常生活中，當我們看到一個人用手指連續地敲打桌子的時候，就盡量不要去打擾他，因為這個時候他正在考慮事情，正處於一種略微有些焦躁的情緒中。可能是某些事情讓他覺得棘手，也可能只是做決定之前的猶豫，等等。總之他是透過敲擊的動作來舒緩壓力，如果我們這時候打斷了他，那就會給他帶來新的壓力。

我們都知道吮吸手指是小孩子經常會有的動作，而當一個成年人做出這樣的動作時，就說明其心智還不夠成熟，就算是他看上去非常成熟，但也無法改變其幼稚的內心。

心理學家認為，如果一個人伸手的時候五指併攏，那就說明此人做事認真，而且很有禮貌，總是嚴格按照規矩來。不過，他們往往會因為過度的謹慎而耽誤大事，而且其在交友的時候由於不能推心置腹地與他人交往，所以是很難交到朋友的。

伸手時五指微張的人通常都是誠實穩重的，而且有著強烈的責任感，但是從另一個角度來看，他們又有些膽小，無法跟上時代的步伐。

伸手時四指併攏，大拇指獨自分離出去的人，大多能在社交活動中如魚得水，而且為人機智，能把握機會，並且還善於理財。

伸手時五根手指全部向內彎成弓狀的人具有很強的感受性，而且學習能力非常不錯，點子也很多。

伸手時手指稍微向內收縮的人通常來說是比較吝嗇的，但是經濟觀念非常發達。

伸手時五根手指全部伸直的人通常容易感情用事，有著豐富的情感，不管做什麼事都會有始有終，絕對不會半途而廢。

在日常生活中，當上司向下屬布置某項工作而涉及一些數字或是具體的條款時，為了講得更清楚一些，就會一邊說一邊數撥手指，這樣做會讓所說的話變得更有條理，同時也能增強說服力和清晰度。

有的人在與人談話時會用食指指著對方，心理學家認為這樣的動作是不可取的，因為這樣的動作是具有攻擊性的，會帶給對方一種壓迫感，讓對方覺得我們在逼迫他，從而使其產生消極的情緒。這個時候他對我們的意見將會很難接受。

處於熱戀中的人在一起的時候，會互相摩挲對方的手指，這說明他／她非常在意對方，害怕失去對方。

心理學家認為，當一個人提出某個請求的時候，如果做出中指放在食指上的動作，那就表示他希望自己提出的請求被接納。此外，這個動作還表示行為人希望自己可以得到好運，而在拉美地區，這個動作則用來向對方示好，表示兩個人像手指一樣親密。

在交談中，如果我們發現對方兩手指尖交叉放在下顎下面，這就表示對方這個時候是非常自信的。如果一個人在與人交流時做出了「V」型手勢，也就是手心向外，伸出食指和中指，其餘三根手指併攏，則說明行為人非常自信，對自己的目標志在必得。

心理學家認為，當一個人做出豎起拇指的動作時，表明行為人對自己有著很高的評價，又或是對自己的思想或現狀是非常自信的；而將拇指放進口袋，但是將其他手指掛在外面的動作則是低自信的表現。有時候做出該動作是為了掩飾內心的不安，所以在工作場合，上司或是管理者通常是不會做出這樣的動作的。

在與人交流的過程中，如果一個人抓住衣領且露出了拇指，同樣說明

此人高度的自信，自我感覺良好。

當一個人在交流過程中，以拇指指向對方時，就表示在嘲弄對方，該動作很容易激怒別人，尤其是內心比較脆弱的女性。

當一個做出啃咬、吮吸拇指的動作時，表明其正處於憂慮或是緊張之中，而且要比平時更加驚慌。

當一個人十指交叉緊握但豎起拇指時，就表示此時行為人自我感覺良好。當我們看見有人做出這樣的動作時，就盡量不要反駁其觀點，否則很有可能會引發不必要的爭執。

心理學家認為當一個人用指尖搓掌心時，說明其此時心中是緊張、不安的，做這個動作是想緩解內心的緊張或是不安。

當一個做出捻大拇指的動作，也就是拇指與食指相捏，然後拇指向上，食指向內，兩指相捻。這樣的動作表示行為人想要得到報酬或是其他形式的好處。

肩部動作的祕密

【心理學故事】

沈彬今年大四，在姑父的公司實習，由於他大學學的是企業管理，現在公司也沒有適合他的職位，所以姑父就先讓他到人力資源部幫忙做些事。沒想到他在那裡工作了一段時間後，居然喜歡上了這份工作，用他的話說，就是做人事工作和企業管理的共同點都是與人交流，現在自己要做

的就是多累積一些與人打交道的經驗，對自己將來的工作也有幫助。

前些時候，公司決定應徵一批員工，人力資源部的韓經理就把部門的幾個員工，也包括沈彬召集在一起開了個會，其實就是讓大家一人出一套應徵方案，然後再一起討論出一個最佳方案，還規定三天後提交。

接到任務後，沈彬覺得必須全力去做，討論的時候才不會丟臉。於是這三天他一點也沒閒著，不僅查閱了很多資料，而且還請教了一些老員工，最後才做出了一份還算滿意的應徵方案。

到了開會討論那一天，韓經理讓大家分別陳述自己的方案，然後大家有建議的話可以講出來，最後大家再綜合討論。在同事們闡述自己的方案時沈彬聽得很認真，而且他覺得有的同事的想法很好，對自己很有啟發。可是當他闡述自己的方案後，卻看到同事楊威雖然表面上在笑著附和，可肩膀卻在微微地抖動。看到這個動作他就知道楊威對自己的方案其實是很不屑的，他一直都有點看不起自己，覺得自己是普通大學畢業的，又是走後門進公司的，所以認為自己水準很低。

想到這裡，他雖然有些不開心，但沒有說破，他相信自己用心做出來的方案會得到大家的認可。果然在討論的時候，不但韓經理稱讚了他的方案，而且其他幾位同事也都說方案裡有的想法很新穎。因此大家經過充分討論後，就以他的方案為基礎，再綜合大家的意見，製作出了一份全新的應徵方案，結果這次的應徵很成功，不但省錢而且省時省力。

【心理學家分析】

在我們的觀念中，肩部是責任與尊嚴的象徵，所以在日常生活中人們對肩膀是比較關注的，往往會透過肩部的一些動作對一個人的心理做出判

斷，而不同的肩部動作也代表著不同的含義。

　　通常來說，高聳肩部的人因為動作並不是很沉穩，所以會給人一種輕浮的感覺；而肩部向下垮的人，則會給人一種低人一等的感覺；左右肩高低明顯不一致的人要麼非常溫順，要麼就是驕傲自大。

　　當我們與人交流的時候，如果一個人做出聳肩的動作，那就是在表示對某人或是某事無可奈何的態度，同時也表示行為人已經屈從了。這個動作通常出現在受到外界的某種刺激，尤其是當我們覺得害怕和恐懼的時候。但是如果一個人說話時單肩聳動，則表示他對自己所說的話是非常不自信的，這就表示他可能在說謊。

　　當一個人做出縮肩的動作時，那就表示他想要縮小自己的勢力範圍，表達了內心的恐懼與不安。當一個人情緒低落時，正處於消極狀態中的人，會慢慢地將雙肩提升到耳朵的高度，看起來就像沒有脖子一樣。做出這樣動作的人是缺乏信心的，而且他還會覺得非常不自在。

　　一個人做出展肩的動作時，則表示他想要擴大自己的勢力範圍，其實就是在向對方展示自我的存在，同時也是為了威懾對方。

　　日常生活中，很多人在面對巨大的壓力時，就會將手臂交叉並且反覆用雙手摩擦肩膀，看上去好像很冷的樣子，其實這是一種保護性的動作，可以讓人平靜下來。與此同時，這個動作其實是一種自我安慰，這樣做會讓我們產生安全感。

　　一些女性在受到委屈的時候，會傷心地哭泣，她們在抽泣的時候雙肩會劇烈地聳動，這就表示她們真的很傷心。

　　心理學家認為，當一個人抖動肩膀的時候，表示其內心是不屑或是無所謂的。在談判桌上我們經常會看到這樣的動作，當一個人充滿信心地將

自己的觀點闡述完之後，對方雖然表面上微笑附和，但是肩膀卻輕微地抖動著，那就說明他心裡對前者所提出的觀點是不屑的，或是他對前者提出的條件是無所謂的。

心理學家認為，當一個人心裡覺得很得意的時候就會抬起頭，並且還會將雙肩向後拉。這其實是一種積極的心理暗示，同時也用來表示一個人的驕傲情緒。

習慣性手臂動作背後的含義

【心理學故事】

程鵬是某公司的金牌銷售員，最近部門經理給他安排了一個據說非常難纏的客戶，因為不管給出怎樣的方案，這個客戶永遠都說想再看看。不過這個客戶是個大客戶，對公司非常重要，又不能放棄。所以在經理親自出馬都搞不定這個客戶之後，才抱著僥倖的心理讓程鵬接手，想看看他有沒有什麼辦法。

程鵬接手之後先是花了一週的時間，對這個客戶的資料以及之前同事們，包括部門經理所提出的方案進行了系統的研究。他發現這個客戶似乎也不是很難對付，而且同事們所給出的方案也都不錯。所以他在綜合了同事們所提方案的基礎上又加入了自己的一些想法，從而形成了一份新方案。

有了新方案後，程鵬很有信心能夠一舉拿下這個所謂的「難纏的客

戶」，於是馬上連繫客戶，敲定見面的時間和地點，結果這個客戶也很爽快，很快就約定週三下午在他們公司附近的咖啡廳見。

　　見面的時候，程鵬很詳細地向客戶介紹著自己提出的新方案，可是這個客戶除了「嗯」、「嗯」、「嗯」外，沒有任何實質的意見，不說行，也不說不行，這可把程鵬給搞糊塗了。就在他不知道該如何應對，甚至不知道該如何結束談話時，他偶然間看見客戶雙手都插在口袋裡。看到這個動作，他突然找到了問題的關鍵 —— 原來這個客戶是個不輕易做決定的人，他對任何事都會經過充分的考慮後才做決定。

　　想明白這一點後他就不著急了，而是耐心地把自己的方案講完，然後對客戶說：「畢竟這次投資的資金不是個小數目，所以您不必急著做決定，考慮清楚後告訴我就行。當然，在此期間您還有什麼不明白的，又或是有什麼建議，都可以隨時告訴我。我是真心想把這件事做好，所以我願意等您做出決定。」

　　客戶聽他這麼說，就笑著說：「你和你們公司的其他人都不一樣，他們總是催著我做決定，好像生怕耽誤他們的時間。而你卻說不著急，讓我考慮清楚再說，好的，我會認真考慮你提的方案的。」

　　5天後，那個客戶給程鵬打電話說，自己完全認可他所提出的方案，程鵬最終搞定了這個客戶。

【心理學家分析】

　　心理學家認為，與人交流時，習慣將雙手插在口袋裡的人，通常都比較謹慎小心，決定做一件事情之前會考慮很多。他們非常害怕失敗，而且自身脆弱的心態又決定了其無法承受失敗。在面對挫折與困難或是重大打

擊時,他們通常會是一副怨天尤人的樣子,很有可能會頹廢很久,而且他們並不會從自己身上找原因。

還有人認為,將手插在上衣口袋或是褲兜裡的動作所傳達的是,不願意暴露真實內心的戒備心理,要麼是不信任對方,要麼就是有不可告人的事。

除了將手插在口袋或是褲兜的動作外,日常生活中我們還會做出一些習慣性的手臂動作。下面,我們來了解一下這些動作背後的心理含義。

▸ 兩隻手握在一起

說話時習慣將兩隻手握在一起的人大多容易緊張,當他們認真地與對方交流時,總是會不自覺地出現這樣的動作。有時除了兩手相握外,還會捏弄每一根手指,又或是坐立不安地玩弄鑰匙圈,這些動作都說明這個人是缺乏自信的,與人交談時會因為膽怯而顯得過分緊張。這類人心理承受能力較差,無法承擔責任,為人拘謹小心,內心溫順懦弱。

▸ 手隨意放在大腿上

與人交流時,把手隨隨便便放在大腿上的人會給人一種輕鬆、鎮定的感覺。這樣的人喜歡幫助人,又充滿自信,遇到事情的時候也不會慌張,而且很有主見,寬容、有同情心,往往能對事情做出準確的猜想,有著遠大的志向。

▸ 雙手在大腿上來回摩擦

如果在講話,時不自覺地將雙手在大腿上來回摩擦,就表示當事人很緊張,想要透過這樣的動作緩和自己的情緒。

▶ 雙手叉腰

心理學家認為，在談話的時候習慣雙手叉腰的人，是沒有辦法營造出完全輕鬆的談話氛圍的，除非他們能夠將叉在腰部的手臂給放下來。需要說明的是，做出這個動作的人下半身其實是很放鬆的，所以有充分的理由認為，他們做出這樣的動作，只是在不經意地對對方的分量進行分析、思索，但是不太可能會引發面對面的衝突。

▶ 一隻手握住另一隻手的腕部

心理學家認為，當一個人用一隻手握住另一隻手的腕部時，通常是表示惋惜、嘆息。不過該動作也與人的自我控制意識密切相關，當一個人心中覺得惋惜時，為了控制手的動作，讓自己不至於做出出格的舉動，就會不自覺地對手腕進行控制。

▶ 一隻手自然下垂，另一隻手握住肘部

當一個人一隻手自然下垂，然後用另一隻手握住肘部的時候，就說明他的內心充滿了緊張情緒。當一個人將雙臂舉得很高並左右擺動，又或是將雙臂伸直，高舉過頭，交叉搖動時，是行為人在表示警告或是勝利、歡樂。

▶ 將雙手攤開

與人交流時，喜歡將雙手攤開的人通常是比較坦率、真誠的，也比較容易相信人，而且當他們覺得無能為力的時候，就一定會坦白地說出實情，而不是虛偽地進行掩飾。雖然他們平時顯得比較天真，但是遇到大事的時候就會表現出成熟的一面，而且還很容易接近，容易滿足。

▶ 雙肘支在桌子上，兩手交叉在一起

如果一個人在講話時將雙肘支在桌子上，而且兩手交叉在一起，那就說明他心裡對某個人或某件事是拒絕的，將手臂支起來是要搭起屏障，以便阻擋對方。此外，如果一個人的一隻手握拳，用另一隻手的手掌拍擊拳頭，這也是在表示拒絕。

▶ 一隻手插進口袋，另一隻手自然下垂

平時與人交流時，如果發現一個人將一隻手插進口袋，另一隻手則自然下垂，那就表示這個人有著複雜多變的性格，沒有定性。因此我們在現實生活或是影視作品中，會看到做出這種動作的通常都是年輕人，而且還是性格不成熟的年輕人。不過雖然他們沒有定性，但是已經有了個人利益的強烈意識，所以任何侵犯其利益的行為勢必會招致其全力的報復。

▶ 雙手互搭，放在小腹前

心理學家認為，當一個人做出雙手互搭、放在小腹前的動作時，表明行為人對自己的所作所為是很滿意的，或者說是很有成就感的，可是並沒有驕傲自大。我們經常會在影視劇中，看到頭上戴著假髮的英國管家做出這樣的動作。

▶ 喜歡摸嘴巴

心理學家認為，講話時喜歡摸嘴巴的人不管男女，基本上都是內向、害羞的人，因為他們不太擅長用語言去對自己的真實意圖進行表達，所以很容易被人誤會。而且就算是面對喜歡的人，他們也不敢清楚地表白自己。

▶ 喜歡捏鼻子

　　在與人講話時，喜歡捏鼻子的人大多喜歡捉弄別人，但被對方發現時卻不敢承認，而且還喜歡譁眾取寵。這樣的人通常都是被人支配的人，別人要他做什麼，他就可能會去做什麼。

▶ 喜歡摸頭或是玩頭髮

　　心理學家認為，與人交流時，喜歡摸頭或是玩頭髮的人通常性情溫和，並且還能體貼他人。這類人大多比較正直，不會做壞事或是占人便宜，但要注意，不要與這樣的人發生爭吵。不過，講話時總是不自覺用手摸頭髮的人是非常在意別人對自己的看法的，而且還對流行趨勢非常敏感，對於自己的失敗和錯誤也是非常介意的。

▶ 將手指掰得「嘎嘎」作響

　　有的人在講話時總會將手指掰得「嘎嘎」作響，這樣的人都擁有旺盛的精力，而且非常健談。不過他們對工作環境、事業非常挑剔，他們在做自己喜歡做的事情時，不管付出多大的代價都會踏實努力地去做。

▶ 喜歡擺弄飾物

　　有的人在講話時喜歡擺弄飾物，這樣的人大多為女性。她們通常都比較內向，不會輕易表露自己的感情。她們的另一個特點是踏實認真，凡是大型的聚會留到最後收拾、打掃的人總是她們，而且她們總是習慣去提醒別人——你應該重視我。

▶ 喜歡撫摸頭部

　　心理學家認為，講話時喜歡撫摸頭部的人都是比較有腦子的，他們善於抓住細節，尋找機會，並且藉此完善自己。這種類型的人還具有一定的

魄力和膽識，而且凡事喜歡標新立異，很願意去做一些比較刺激的、別人不敢做的事情。他們大多個性鮮明，對是非善惡也分得非常清楚，絕對不肯有半點的遷就和馬虎。

此外，還有人認為用手撫摸頭部可以掩飾慚愧、害羞、憤怒等不方便向外表達的情緒，並對自己進行安撫，讓自己能夠冷靜下來。有時候也會用手指梳理頭髮的動作來代替，看起來就像是在撓頭。

▶ **不斷地搓手**

心理學家認為，如果一個人與人交流的時候不斷地搓手，代表兩個方面的含義：一是行為人對某些事物有著強烈的期待，而且這種期待充滿了自信；另一個含義就是行為人此時緊張不安，比如將要上臺演講的人由於心裡緊張，就會不斷地搓手掌。

▶ **輕輕拍打對方的手**

與人交流時會輕輕拍打對方手的人，通常來說都具有很強的自信心，並且有果斷的決策力，做事雷厲風行，很有氣勢。這樣的人大多比較外向，在任何時候都會努力將自己打造成核心人物。

▶ **一邊說話一邊用手指著對方**

與人交流時，一邊說話一邊用手指著對方的人，通常都是非常自負的，看上去非常像老闆，有時會給人盛氣凌人的感覺。在別人面前總是會堅持表明自己的立場，而且很容易嫉妒別人，有支配他人的欲望。

▶ **習慣將手臂抬高，用手撫摸自己的後頸**

如果一個人在講話時，總是習慣將手臂抬高，用手撫摸自己的後頸，其性格大多是比較內向的，在遇到某些事情的時候，經常會做出這個動作

對自己的情緒進行掩飾。而這個動作就是在行為人處在害羞、懊惱或是悔恨的情緒中時才會出現。

如果在將手放在腦後的同時還伴有雙腿伸長、身體後仰的動作，則表示行為人在這個時候是放鬆的。

▶ 手不停地擺弄旁邊的物品

如果一個人在與人交流的時候，手卻不停地擺弄著旁邊的物品，表示行為人要麼是心裡不安、緊張，要麼就是漫不經心、心不在焉。

▶ 說話時經常握緊拳頭或咬指甲

心理學家認為，說話時經常緊握拳頭的人，可能是因為缺乏安全感，所以擁有比較強的防禦意識。他們並不是要攻擊別人，可能只是為了提防別人的攻擊。除了缺乏安全感外，他們還富有同情心而又善解人意，能夠關心、體貼他人，不過他們衝動起來的時候就會有咬指甲的行為，這無疑是心中緊張、恐懼的表現。

而咬指甲的人心中的不安正在增加，他們想要透過這種行為去緩解不安。如果有人在談話的過程中不斷地咬手指、指甲，又或是用指尖去撥弄嘴唇，那就說明行為人性格焦躁，容易緊張，而且心理上還非常不成熟。

正常情況下，成年人握拳時是將大拇指放在食指和中指的保護外，將大拇指的第一節放在食指的第二節上。而嬰幼兒在握拳時，則是將拇指之外的四根手指合攏，然後蜷縮大拇指，將其插入食指與中指以及手心所形成的包圍圈中。這樣的握拳方式被稱為嬰兒式握拳。

當成年人出現這樣的握拳方式時，就說明這樣的人性格怯懦、軟弱，較為缺乏安全感，非常渴望得到外界的保護與幫助。

握拳有時候還代表著決心與憤怒，比如人們經常透過握拳來對自己的立場進行強調，有時候還會轉化為揮舞拳頭和敲擊桌子。在現代政治活動中，人們經常透過該動作來表示決心。

當握拳表示憤怒時，就有著嚴重警告、特別強調或是鼓舞鬥志的意思。當一個人緊握拳頭時，很有可能會引起周圍的連鎖反應，讓對手也緊握拳頭，這樣就很有可能會引發一場爭鬥。

▶ 習慣聳肩攤手

在交流時如果一個人聳肩攤手，那就是在表示這件事自己無所謂，這類人大多為人熱情誠懇，有著豐富的想像力，會享受生活，也能創造生活。他們所追求的最大幸福就是生活在舒暢、和睦的環境中。

▶ 將雙手交叉相扣，放置在身體前的腹部或小腹部

在交流的過程中，如果一個人做出了叉手的動作，也就是將雙手交叉相扣，放置在身體前的腹部或是小腹部，那就說明此時這個人是非常拘謹的。其透過叉手的動作想要將腹部和胸部隱蔽起來，從而擺出了防禦性姿態，代表某種不自信的心理，而且這也是其控制局促、緊張情緒的一種方式。

▶ 一隻手握住自己的另一隻手

有的人體語言學家認為，當兒童感到害怕或是不安全的時候，就會用手拉住媽媽的手，成年以後我們仍然需要尋找安全的保障，所以就會用一隻手握住自己的另一隻手。由於這個動作表現出了封閉和拘謹的特徵，所以在受到批評時做出這個動作的人經常會被當作是不想接受批評意見。

▶ **做出「袖手」**

　　而當一個人做出「袖手」，也就是將左手和右手分別交叉，攏在右袖和左袖中的時候，就說明行為人有一種看熱鬧的心理，而且這種動作還是消極、封閉和防禦的身體訊號。而且這樣的動作也是不文雅的，有文化、有教養的人是不會做出這樣的動作的。

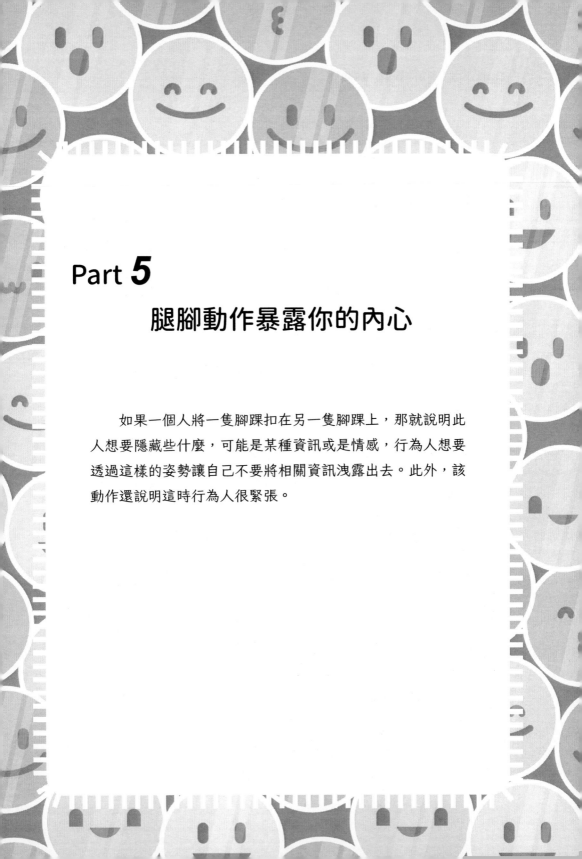

Part **5**
腿腳動作暴露你的內心

　　如果一個人將一隻腳踝扣在另一隻腳踝上，那就說明此人想要隱藏些什麼，可能是某種資訊或是情感，行為人想要透過這樣的姿勢讓自己不要將相關資訊洩露出去。此外，該動作還說明這時行為人很緊張。

┤┃ 雙腿交叉的祕密 ┃├

【心理學故事】

賈小朵大學畢業後，媽媽安排她到姨父開的化妝品公司幫忙，說是幫忙，薪資還是一點都不少發。不過小朵並不想去，因為她不願意受人照顧，可還是拗不過媽媽，無奈之下只好去了。

一開始，姨父怕公司員工對自己安排親戚來上班有意見，就沒說小朵是自己姪女，先給她安排了一個市場部經理助理的職位，想著先讓她做上一段時間，然後再慢慢給她升職。

可是世界上沒有不透風的牆，沒幾天同事們就從一些蛛絲馬跡上判斷出小朵是老闆的親戚。這樣一來，他們就開始本能地排斥小朵，雖然表面上對她客客氣氣的，但是從來都不會在她面前聊天、說笑，平時有什麼活動也會選擇性地遺忘她。

小朵本來到這裡工作就是不情不願的，現在同事對她又是這樣的態度，所以心裡就更難受了。於是有一段時間小朵整天連個笑臉都沒有，那種做「邊緣人」的感覺真的很不好。

媽媽了解到這件事後很著急，就給姨父打電話讓他想想辦法，結果姨父說這樣的事情很正常，而且也沒有太好的辦法，只能靠小朵自己。如果她闖不過這一關，到別的公司照舊還是這樣。

於是，媽媽就把姨父的話告訴了小朵，小朵聽了之後覺得姨父說得很有道理，自己怎麼能做一個遇到困難就退縮的懦夫呢？既然同事們排斥我，那我就一定要想辦法讓大家接受我、認可我、喜歡我。

於是，她一改之前的頹廢，開始熱情、真誠地與同事們交往，慢慢地，她的真心開始感動一個又一個同事，直到所有的同事都接受了她。後來，公司舉行一次小型的員工聚會，在聚會上，姨父看到小朵在與同事們交流的時候已經不再像以前那樣在雙臂交叉的同時雙腿交叉了，而是放下了雙臂，很自然地站著，而同事們與她聊天時也都是很輕鬆地站著。看到這裡姨父終於放心了，因為他知道這表示小朵已經接受了同事，而且也被同事接受了。

【心理學家分析】

日常生活中，我們會經常看到人們雙腿交叉的動作，而這個動作又包含了很多不同的類型。為了方便理解，我們將這個動作分為兩類來闡述，第一類是站立時的雙腿交叉，第二類是坐著時的雙腿交疊。

心理學家認為，一個人在站著與他人交流時，如果做出了雙腿交叉的動作，那就說明這個時候他是很舒適的。因為如果在交流中覺得不舒服，是絕對不會做出這樣的動作的，這樣做是在告訴周圍的人，此時的環境以及交談的話題讓我覺得舒服。人在站立的時候雙腿交叉其實是一種不穩定的狀態，與此同時相互壓迫的雙腿也極大地限制了我們的行動，所以這一定是在一種非常放鬆的狀態下才會出現的動作，也說明與我們交談的對象是我們信賴的，又或是雙方之間的交談讓行為人非常愉悅、輕鬆。此外，當我們在他人面前覺得非常自信的時候，也會出現雙腿交叉的動作。

不過，當一個人在雙腿交叉的同時將身體的重心放在了牆上，那就說明身邊的人或是環境讓他覺得不安，他要為自己找一個安全的依靠。

如果我們在與人交談的時候雙腿交叉，突然出現了一個陌生人或是自

己不喜歡的人，那雙腿就會馬上恢復常態。

　　需要說明的是，我們在社交場合中，還可以透過站立時雙腿交叉的動作來對周圍人之間的親密關係進行判斷。比如當我們發現兩個人在雙腿交叉站立時，身體向對方傾斜，那就說明他們是非常熟悉的朋友。

　　如果一個人在坐著的時候雙腿交疊，則表示其在表達一種否定的態度，是一種防禦心理的表現。因為如果兩個人相對而坐的時候都交疊雙腿，那他們之間的距離就會一下子拉大很多，很顯然這並不是一種親密交談的狀態。

　　所以，當人們在坐著做出交疊雙腿的動作時，就表示他不贊同對方的觀點或是不願意接受這個人。所以才會將自己封閉起來，與對方保持一定的距離。

　　在與女性交往的過程中，如果發現她在站著的時候，一隻腳的腳尖勾在另一隻腿上，那麼這種動作就是一種防禦性姿勢，說明這個時候她心境漠然，而且還有退卻的心理。這樣的姿勢通常會出現在容易害羞的女性身上，所以這個時候我們要做的就是放低姿態，透過友善、溫柔的方式去消除她的防禦心理。

　　在一個陌生的場合裡，如果一個女性蹺起了二郎腿，那麼只會是兩種情況，要麼是她缺乏教養，要麼就是她屬於那種很高傲的女人。

　　男性蹺二郎腿的情況還是很普遍的，但是在一些比較陌生的社交場合，這樣的動作還是會給對方留下非常高傲或是冷漠的印象。所以就算是事業有成的人，也不應該在嚴肅的社交場合中出現這樣的動作。

　　有的心理學家將蹺二郎腿分為兩種基本姿勢，一種是標準型蹺腿與「交叉合攏」型蹺腿。其中，標準型蹺腿具體是指將一條腿搭在另一條腿

上，通常是將右腿搭在左腿上。這其實是一種戒備、矜持或是神經質心理的表現。不過，這樣的動作也很有可能是一種純粹的輔助性動作，其所包含的具體意義還得結合一些別的動作和手勢來分析，比如當一個人在椅子上坐了很長時間，覺得不舒服的時候，就會做出標準型蹺腿；如果一個人在蹺二郎腿的同時又雙臂交叉抱胸，那就說明他不想聊當前的話題。

「交叉合攏」型蹺腿又被稱為「美式雙腿交疊」，具體來說就是一條腿呈半弓型搭在另一條腿上。做出這種動作的人通常都非常固執，而且此時正有一種競爭和抗拒心理。

當一個人做出美式雙腿交疊的動作，然後又將手放在腿上的時候，就說明行為人是很難在討論過程中改變自己觀點的人。

不過有的朋友會說，自己覺得冷的時候也會交疊雙腿，但這並不是在防禦什麼。那麼如何判斷這樣的動作究竟是防禦還是防寒呢？其實當一個人覺得很冷的時候，交疊在一起的雙腿是挺直而有力地互相夾著，看上去要比防禦性姿勢用力很多。

需要說明的是，雖然很多人認為坐著的時候，扣著腳踝或是交疊雙腿是行為人很舒服的表現，不過也要認識到雖然這樣的動作讓我們覺得很舒服，但是請記住，這樣的動作在社交場合或是職場中還是會有防禦性的負面意義，也就是說會讓與我們交流的人覺得不舒服。

我們要注意到，女性夏天穿短裙時會自然地交疊雙腿，這只是一種因為所穿服飾形成的習慣。

還有一種動作是在坐著的時候隨意交疊雙腿，有時候還會將腳伸到他人的私人空間裡。這樣的人通常性格比較隨和且自由散漫，無拘無束。

此外，行為心理學家透過調查發現，在社交場合中，當我們與一群陌

生人待在一起的時候，手臂和雙腿都是交叉的，而且彼此之間站得很遠，這是因為和陌生人待在一起的時候，我們總會覺得緊張。

　　因此，當一個陌生人進入一個集體一段時間後，要想判斷他是否已經融入了這個集體，就要看他在社交場合中是否還有雙臂、雙腿交叉在一起的動作。如果已經沒有這樣的動作，而是面帶微笑、雙臂攤開，那就說明他已經逐漸融入了這個集體裡。

叉開雙腿的心理含義

【心理學故事】

　　陳英豪今年 28 歲了，還是單身，家裡人著急，他自己也著急。在大學的時候他交過一個女朋友，不過畢業之後就分手了。從那以後他又短暫交過一個，只交往了三個月，就因為性格不合分手了。

　　去年他找了一份不錯的工作，買了車，買了房。這下子給他介紹對象的人就多了起來，一開始他並不想相親，但是抵不上家裡一直催，就見了幾個，不過都不太滿意。

　　上週一男同事介紹了一個女孩給他，是這個同事老婆的閨密，叫錦月。一開始兩個人並沒有馬上見面，而是先在通訊軟體上聊天，結果聊得不錯，並且還發現了很多共同的興趣愛好，於是就決定見個面。

　　在見面之前，同事的老婆還專門囑咐他說，錦月喜歡有男子氣概的男人，讓他到時候適當表現一下。如果表現得好，兩個人說不定就能有進一

步的發展，他聽了之後就告訴自己一定要有男子氣概。

到了約定見面的那一天，他們先是看了一場電影，然後又去吃了一頓飯，當然都是陳英豪結帳。吃飯的時候他們聊得很開心，錦月時不時就被他逗笑，而且也被他的經歷和學識所吸引。吃完飯，他不想那麼早回去，就問錦月急著回去嗎？錦月說回去也沒什麼事。於是他就提議去公園逛逛，雖然很俗，但附近真的沒什麼好玩的地方，好一點的景點都在郊區。

錦月說逛公園也不錯，於是兩個人就去了附近的月季公園。逛公園的時候有一段時間他們倆站著說了一會兒話，當時他為了表現自己的男子氣概，故意把腰挺得很直，而且把腿叉得很開，結果他發現錦月居然有點不好意思看他，他還以為錦月是喜歡上自己了，所以才會害羞，於是就更起勁了。

不過隨後錦月的話少了很多，回去後也沒怎麼和他連繫，後來乾脆就不回訊息了，這讓他很鬱悶，根本弄不清楚是哪裡出問題了，不是聊得挺好的嗎？堅持了三天，他再也忍不住了，就託同事的老婆打聽一下，到底是怎麼回事，好歹讓自己死個明白啊。

結果打聽到的消息是錦月認為他品性不好，一直對著自己做下流動作，而所謂的下流動作就是將雙腿叉得很開，這難道不是在耍流氓嗎？聽到這個消息他懊惱不已，自己實在是太不懂女生的心理了。

【心理學家分析】

在日常生活中，我們在與人交流的過程中，會看到原本雙腿併攏的人突然叉開了雙腿，這就表示他在捍衛自己的「領地」。心理學家認為，之所以這樣做是因為行為人心情煩躁，又或是感受到了壓力和威脅，當他們

想要戰勝對方的時候，就會不自覺地將腿叉得比之前更寬一些，以便獲得更多的領地。因此如果我們不想激化矛盾，那就最好稍稍收攏自己的雙腿，這樣做可以降低對抗等級，讓緊張的局面得以緩解。

當兩個人陷入對峙狀態的時候也會將腿腳叉開，這樣做並不是為了讓自己站得更穩一些，同樣是為了獲得更多的領地。所以當我們在生活中發現一個人的腿先併在一起，然後又叉開的時候，基本上就可以判斷這個人是不高興的，這是一種強烈的訊號，說明對方正在準備做某些事情，這個時候我們就應該提高警惕。

此外，站立時叉開雙腿，可以讓我們將壓力分散到全身，具有非常好的減壓作用，同時還能帶給我們心理上的安全感。

在日常交流的過程中，如果一個人在雙腳叉開的同時又雙手抱胸，那就說明他想要建立一種權威，給對方一種壓迫感。所以當我們看到有人做出這樣的動作時，如果沒有必要，那就不要輕易挑戰對方，因為他很有可能是擁有一定的權力，而這種權力有可能會給我們帶來不必要的麻煩。

在日常生活中，我們應該都看過別人吵架，吵架的時候，行為人在雙腿叉開的同時還會雙手叉腰，這就表示這個時候他心裡非常憤怒。所以當我們看到一個人做出這樣的動作時，一定要提高警覺，因為對方很有可能會在怒火的影響下喪失理智，從而做出一些不理智的行為，如傷害我們的身體。

通常情況下，男性都比較喜歡做出雙腿叉開的動作，因為這樣能顯示自己的支配地位。不過需要注意的是，該動作具有明顯的展現胯部的意思，尤其是會將男性的生殖器官突顯出來，而這往往會讓女性覺得尷尬。所以，當男性做出這樣的動作時，一定要充分考慮這個因素，不要做得太

誇張，否則很有可能會被女性認為是一種下流的動作。這樣一來，就有可能會產生不良的後果。

雙腿併攏和分開的心理含義

【心理學故事】

一年前，陳凱被調到外縣市做銷售總監，剛到公司就聽到了很多關於任雪菲的事情，很多同事都說她和許多男客戶走得很近，而且不管走到哪裡都會有花邊新聞。這些流言也影響了陳凱，所以一開始他對雪菲的印象並不好。

印象不好自然也就不會有什麼好話，工作時間他對雪菲都是冷言冷語，這把雪菲搞得有點莫名其妙，真想不起自己哪裡得罪新來的上司了。不過，她還是本本分分地做好自己的工作。

有一次公司接了一個大單，那段時間每天都要加班，不過還是遭到客戶不斷的挑剔和質疑，結果大家都不免有些情緒。在這樣的情況下，雪菲除了積極鼓勵大家外，還自掏腰包買給業務部的同事每人一盆植物，結果大家的心情都好多了，最終成功拿下了這個大單。

這件事之後，陳凱改變了對雪菲的看法，認為她並不是傳說中的那樣。隨著與雪菲的接觸越來越多，他發現雪菲是一個熱情、開朗、善良的女孩，平時雖然喜歡和男同事聊天、說笑，但都是正常的交往。就這樣，他發現自己竟然慢慢愛上了雪菲。

可是他並不敢向她表白，怕表白後連同事都做不成了，不過他對雪菲越來越好，主動為她解決生活和工作上的問題，慢慢地公司開始有傳言說雪菲和他在一起了。而且雪菲也覺得陳凱喜歡自己，其實她也喜歡陳凱，不過讓她著急的是，陳凱一直沒有向自己表白，自己作為一個女孩子如果主動向人家表白，萬一是自己會錯意了，那不是很丟人？而且到時候自己也沒臉在公司待了。

但老這麼拖著也不是辦法，一輩子遇到真愛的機會並不多，想來想去她決定主動出擊。而所謂的主動出擊就是在公司公開說讓大家幫忙給自己介紹對象，說年齡不小了，家裡催得急，如果能遇到合適的就會馬上結婚。

陳凱聽到這些後馬上慌了，但他實在是沒有理由阻止雪菲去相親，於是只好眼睜睜看著雪菲今天見一個，明天見一個，而他則在那裡擔心雪菲真的找到一個合適的。結果，沒過幾天雪菲就宣布自己找到了真命天子，而且在一次聚會上還把對象介紹給了業務部的同事。這下陳凱徹底心涼了，他恨自己為什麼不敢表白？

不過，後來有一天他外出辦事的時候，無意中看到雪菲和她那個對象在公司附近的咖啡廳坐著，於是他就鬼使神差地偷偷去觀察他們。結果他發現雪菲和那個男的面對面坐著，雖然有說有笑，但是雪菲的雙腿卻是分開的，看到這裡他徹底明白了。原來雪菲對這個所謂的對象一點感情都沒有，要不然她不會在他面前那樣坐著。

這時陳凱重新燃起了希望，既然雪菲並不是真的喜歡那個男人，那就代表自己還是有希望的，於是他找了個時間直接向雪菲表白了，而且還說了一番感人的話。雪菲聽了之後哭著說：「我早就想聽你表白了，可是你

卻一直不說，沒辦法我只好假意說要相親，然後又說找到了對象，想透過這樣的方法來刺激你做出決定，沒想到真的成功了。其實那個所謂的對象是我堂哥，我只是找他來演一場戲。」

陳凱聽了恍然大悟，而且也慶幸自己沒有判斷失誤。

【心理學家分析】

心理學家認為，坐著的時候上身端正並微微前傾，與此同時雙腳併攏的人通常都很正派，而且熱情，不過做事情往往會太認真，比較保守。這個姿勢所暗含的意思是：我願意和你進一步接觸，也樂意聽你傾訴，而且隨時準備回應你。

有的人在坐著的時候，習慣將兩條腿的膝蓋併在一起，腳尖也併在一起，但腳跟卻是分開的。這個動作所表達的潛臺詞是：我已經很不耐煩了，真的不想再聽了。這樣的人通常都有著很強的觀察力，不過做事的時候會因為太過認真而表現得瞻前顧後。

還有人坐著的時候會將大腿併在一起，可是小腿和腳卻是分開的。這樣的人性特別向，喜歡支配別人，有時候會給人留下太過自我的印象。

心理學家認為，坐著的時候習慣將大腿分開，腳跟合攏，雙手放在肚臍上的人，通常擁有很大的勇氣以及強大的自信，只要做出決定就一定會堅持到底。不過他們的占有欲也很強，總是過多地干涉他人的隱私，有時候會表現得像個侵略者。

如果一個女性在坐著的時候併攏雙腿，說明她擁有較高的警惕性，又或是心中有牴觸或是拒絕的情緒，而且正處於緊張的狀態中。與此同時，這也是在不自覺地強調自己的「淑女形象」。需要說明的是，這樣的姿勢

並不是女性天生就有的，而是從小就被教育「女人就該是這個樣子」的結果。

相反，如果我們發現一位女性在交流的過程中，張開雙腿坐著，那就說明她的警惕性很弱，並且正處於一種放鬆的狀態中。如果她面對著一個男性的時候還是保持這樣的姿勢，那就說明她對面前的這位男性並沒有什麼特殊的感情。

如果一位男性坐著的時候張開雙腿，那就表示其占領地盤的心理在發揮作用，而且他不想讓別人輕視自己。因此那些領地意識特別強的男性會經常張開雙腿坐著，這樣做可以擴大自己的私人空間。

心理學家認為，如果男性在坐著的時候習慣併攏雙腿，那就說明其對自己缺乏信心，做出這樣的動作是想淡化自己的存在。

習慣性腿腳動作的含義

【心理學故事】

劉麗傑是某公司的人事經理，是個很好學的人，工作之餘經常會看看心理學方面的書，尤其是對微動作方面的知識感興趣，而且也學了很多。她平時經常透過一些細微的動作洞察人們內心的真實想法，所以公司的同事就給她起了個「劉半仙」的外號。

最近，公司老闆想要從總部調派一些能力比較強的員工，到下面的分公司去，想看看這些「鯰魚」能不能讓分公司變得更有活力，而具體的人

員安排自然就交給了她這個人事經理了。

她經過一段時間的思考後，制定了一份人員調動的名單，也給公司老闆看了，他們都覺得沒問題。不過雖然老闆覺得沒問題，但還是得問問員工本人，萬一人家不樂意，那豈不是還會造成反作用。於是她就開始一個一個找這些將要被調動的員工談話，想了解一下他們的想法，然後再做最後的決定。

她第一個找的就是王丹，王丹是市場部的副經理，能力很強，是公司的重點培養對象。這次打算讓她外縣市分公司擔任市場部經理。當她問王丹是否願意到外縣市的分公司擔任市場部經理的時候，她明顯注意到王丹的襯衫袖和肩膀在擺動，於是就看了一眼她的腿，發現她的雙腿和雙腳都在一起擺動，一看這個樣子她就確定王丹是樂意去外地工作的。

不過，當提到要去的縣市時，她的兩隻腳卻同時停止了擺動。劉麗傑看到這種情況，就知道她不願意去，於是就問她：「你是不願意去嗎？」

這時王丹明顯一愣，然後說道：「有這麼明顯嗎？我是不願意去那裡，其實我早就聽說公司要調一些人去外縣市的分公司，我也可高興了。不過我想去的是其他縣市，我男朋友在那邊，而且還有不少大學同學在那邊，我以為公司了解這個情況。」

【心理學家分析】

▶ 雙腿與雙腳一起顫動或是擺動

心理學家認為在與人交流的過程中，如果發現對方的雙腿與雙腳一起顫動或是擺動，那就說明此人內心正處於高興或是愉悅的狀態之中。有心理學家在對學生雙腳擺動的行為進行研究後發現，當臨近下課的時候，學

生雙腳擺動的頻率就會明顯增高。心理學上把這種動作稱為「快樂腳」，通常出現在一個人覺得自己正在得到想要的東西，或是自己有優勢從另外一個人或者周圍的環境中獲得有價值的東西的時候。

▶ 移動雙腳和軀幹朝向某處

心理學家認為，我們通常會將身體轉向所喜歡的人和事，而最為直接的反應就是腳的方向。因此當一個人歡迎我們的時候，就會移動雙腳和軀幹朝向我們，那這時候他就是在全心全意歡迎我們；如果他並沒有移動雙腳，只是轉了轉身子，那就說明他並不是真心歡迎我們。

▶ 將雙腳從腳尖指向的一側移開

在與人交流的過程中，如果發現對方漸漸地或是突然地將雙腳從我們這一側移開，那就代表他已經厭煩了。這個時候，我們就應該及時結束談話，不要拖延。

▶ 雙腳合攏，穩穩地站著

如果一個人的雙腳合攏，穩穩地站著，然後平靜地面對著我們，那就說明這個人可能很直率、坦白。但如果他是將腳的重心放在靠外的那一側上，或是腳後跟上，就說明這個人很有可能不太道地，又或是沒有對我們說實話。

▶ 一隻腳和腳趾向上翹起

在現實生活中，當我們看到一個人與他人交談時，一隻腳的腳趾向上翹起，那就說明這個人此時的情緒不錯，或是正在聽或者想到一些讓自己高興的事。如果這時候我們抓住機會向其提出一些要求，通常都會得到肯定的答覆。

▶ 將一條腿搭在另一條腿的膝蓋上

如果在交流的時候，一個人將一條腿搭在另一條腿的膝蓋上，那就表示他正在為自己打氣，而且他不太自信或是沒有說實話。

▶ 整個身體朝著某人說話，雙腿和雙腳朝著相反方向

當一個人整個身體都朝著我們說話，但是雙腿和雙腳卻朝著相反的方向的時候，就說明他想要離開，並且不太想和我們說話。另一個說明一個人想要離開的動作是不斷地而且很有節奏地拍打大腿，這就說明他很想離開，但又無法離開。

▶ 不斷晃動雙腳或輕輕敲打雙腳

當一個人不斷晃動雙腳或是輕輕敲打雙腳時，也說明他已經覺得不耐煩了或是厭倦了。這其實是一種逃跑的動作，想要表達的真實意思是「我不想待在這了」。

▶ 扳起了自己的腳

如果在與人交流的過程中，對方扳起了自己的腿，那就說明他對我們所說的話是不認同的，所以當對方出現這樣的動作時，講再多的話都是白費力氣，他們是根本聽不進去的。所以一定要想辦法讓其眼見為實，讓其內心產生動搖，然後再與其進行交流，這樣才有可能改變其固有的想法。

▶ 抖動腿部

在我們與人交流的過程中，如果發現對方在抖動腿部，具體來說就是用腳尖或腿使腿部顫動，又或是用腳掌拍打地面，那你就要注意了，因為做出這樣動作的人通常都是很自私的，做什麼事都喜歡以自我為中心，而且還有著非常強的占有欲。所以，與這類人交談的時候要盡量站在對方的

立場上思考問題，這樣你們之間的溝通就會順暢很多。

▶ 與異性交流時，對方不經意撫摸自己的腿

當我們與異性交流時，如果對方總是不經意地撫摸自己的腿，那就說明他／她在向我們傳達愛意。

▶ 將一隻腳踝扣在另一隻腳踝上

心理學家認為，如果一個人將一隻腳踝扣在另一隻腳踝上，那就說明此人想要隱藏些什麼，可能是某種資訊或是情感，行為人想要透過這樣的姿勢讓自己不要將相關資訊洩露出去。此外，該動作還說明這時行為人很緊張。

▶ 將一隻腳放在另一隻腿的後面

當一個人將一隻腳放在另一條腿的後面時，就說明這時候他覺得緊張或是不舒服，不管他的上半身表現得多放鬆，而腳踝擺放的位置都說明了其內心非常不安。

▶ 一個女人的腳朝著男人移動

曼徹斯特大學的心理學家畢提透過研究發現，如果一個女人對一個男人動了心，那麼她的腳就會不由自主地朝著男人移動。此外，男人在緊張的時候會煩躁地踏腳，而女人在不安的時候雙腳則會靜止不動。

▶ 不自覺地抖腿

如果在與人交談的過程中，發現對方一直在不自覺地抖腿，那就表示這個人長期處於緊張、焦慮的狀態下，而產生了一種「不舒適」感，這個時候透過抖腿來緩解這種心理上的不舒適，又或是透過這種動作來阻止內心消極、負面情緒的爆發。換句話說，就是一個人在抖腿的時候，他的

內心是「不舒服」的，它表現了內心的煩躁與緊張或是恐懼，一個人雙腿抖動得越厲害，就說明其內心越不平靜。

不過也有研究顯示，一個人在興奮或是內心得意的情況下，也不會不自覺地抖腿，所以有時候抖腿還可以表達內心的興奮之情。

有意思的是，男人與女人在做出這個動作時所表達的含義有著巨大的差異。男性雙腳抖動是為了消除心中的不滿或是緊張；而女性抖動雙腳則是一種身體放鬆的標誌，因為在一種良好的談話氛圍中，女人通常會放鬆緊繃的神經，這時候雙腳就會自由地抖動。而當她突然停止抖動雙腳時，就說明她現在心理上不舒服，或許是有人說了一些她不愛聽的話，又或是突然轉換了話題。

▸ **女性將一條腿纏在另一條腿上，兩條腿向同一面傾斜**

在社交場合，當一名女性將一條腿纏在另一條腿上，兩條腿向同一面傾斜時，就說明她是位優雅的女性，而且非常重視自己的形象，還很在意他人對自己的印象。

▸ **一隻手或兩隻手放在腿上，並沿著大腿一直向下搓到膝蓋附近**

如果一個人在與人交流的過程中，將一隻手或是兩隻手放在腿上，然後沿著大腿一直向下搓到膝蓋附近，這樣的動作可能只會做一次，也可能是反覆做多次。那就說明這個人的內心正處於一種緊張的狀態中，而做這樣的動作對其消除或是減輕緊張感是有幫助的。

▸ **雙腳緊緊靠在一起**

我們在與人交流的過程中，如果發現對方雙腳緊緊靠在一起，那就說明其內心非常緊張。該動作大多出現在陌生的環境以及與陌生人的交談

中，比如當我們去一家公司面試，在陌生的會議室與陌生的面試官聊天時，難免會產生緊張、不安等負面情緒，這時候我們的兩隻腳就會很自然地緊靠在一起。

此外，研究發現該動作其實是一種自我保護動作，當一個人做出這樣的動作時，表明其內心已經關上了。這樣做是為了保護脆弱的心靈不受傷害。

不過，雙腳緊靠在一起並不是只代表一種含義，其實在不同的情況下，它所表達的意思也各不相同。

比如，當一個人雙腳交叉緊靠的時候，就說明這個人正處於壓抑之中，而做出這樣的動作是在暗示自己不要洩漏情緒。所以，當我們發現有人做出這樣的動作時，最好不要直接去問他，這樣是問不出答案的，而是應該先想辦法緩解其內心的壓抑情緒，讓其逐漸放鬆，只有這樣才能開啟對方的心扉。

當一個女性雙腳緊靠時其實是在防禦，而且這種動作通常出現在抵禦男性的時候。所以當我們與一名女性交流時，如果對方在做出這樣的動作的同時又表情冷漠，也沒什麼話，那就說明她對我們一點興趣也沒有，甚至是厭惡。這個時候最為明智的選擇就是安靜地走開，但是如果她臉色紅潤，還有一點害羞，我們就可以主動與其交流，用這種方式解除其內心的防禦。

不過，也有心理學家認為，有人在做出雙腳緊靠的動作時，內心其實是很自在、舒適的，比如當我們坐在沙發上看電視的時候，就經常會做出這樣的動作。所以，在解讀這個動作時還是要全面觀察對方的肢體動作、臉部表情以及所處環境。

腳尖動作背後的含義

【心理學故事】

楊峰今年 30 歲了，一年前失戀了，很長一段時間都走不出來，家裡幫他安排相親他也不去，還公開說自己已經做好了孤獨終老的準備。不過後來隨著心情的慢慢恢復，他看著周圍的人都是成雙成對的，心裡就覺得很孤獨，於是他又動起了找女朋友的心思。

家裡人看他心情已經完全恢復了，就又開始張羅替他找對象的事。從那時候起，他的所有業餘時間都用來相親了，結果來來回回見了十幾個，居然沒一個合適的，最重要的是家裡人幫忙找的相親對象年齡都和他差不多，而他想要找一個比自己小一些的，這就難辦了。

那段時間楊峰都快絕望了，難道自己真的沒人要了？於是他過得很頹廢，自信心受到嚴重打擊。這天下午，大姑打電話給他，說想介紹同事的女兒給他，他一聽本能地就想拒絕，實在是沒信心了，但一想大姑也是為了自己好，就問大姑對方的情況。大姑就說這女孩今年 27 歲，在一家公司做會計，人挺漂亮的，是獨生女，性格也不錯。

一聽女孩比自己小，他就問大姑，有沒有把自己的情況跟人家說。大姑說，和她說得很清楚，人家願意和你見面聊聊。一聽對方願意和他聊聊，他就說能不能先傳個照片看看，大姑就傳了照片給他，一看還真是漂亮，於是他馬上就和大姑說好了跟女孩見面的時間。

到了約定的那天，楊峰把自己精心打扮了一番，然後就去約定地點了。見了面，他發現女孩比照片上還漂亮，不過好像稍微有點拘謹，不過

這都是正常的。況且雖然女孩拘謹，可他卻是個自來熟，於是他就以這天的天氣為切入點和女孩聊了起來，慢慢地，女孩不那麼拘謹了，也開始問他一些問題，他都是老老實實地回答。看得出來女孩對他的回答還是挺滿意的，因為這時候女孩的整個身體都朝向他，雖然還扭著身子。

一些常規的話題聊過之後，他又聊起了興趣愛好，沒想到他和對方都喜歡歷史，於是越聊越嗨，這時他發現女孩不但將身子扭了過來，就連腳尖都對著自己了，這下子他別提多高興了，因為他知道這樣的動作代表女孩已經對自己產生了好感。

聊累了之後他們就一起吃了個飯，吃過飯後他提議說一起去看電影，女孩想都沒想就同意了。

【心理學家分析】

英國的心理學家莫里斯在一項研究中，發現了這樣一個有趣的現象：距離大腦越遠的部位，所做出的動作可信度越大。所以他認為腳要比臉誠實得多，而腳尖的變化又透露著人們不同的心理。

▸ **腳尖勾起鞋子，輕輕擺晃**

當一個人輕鬆自在的時候，就會不自覺地用腳尖勾起鞋子，輕輕地搖晃。女人尤其愛做這種動作，尤其是與閨密在一起閒聊時。

▸ **腳跟著地，腳尖指向天空時**

在與人交流的時候，當我們看到一個人腳跟著地，腳尖指向天空時，大多會認為這是一個無關緊要的動作。不過心理學家卻表示：這樣的動作表示行為人一定是聽到了讓他高興的事。

▶ **一個腳尖離地**

我們在與人交流的過程中，如果發現對方一個腳尖離地了，那就說明他想要展現自己的權威或是自豪，這個時候就不要貿然去挑戰對方的權威，要以一個傾聽者的姿態去品味他所說的話。這樣做不但可以滿足對方的虛榮心，還能獲得他的好感。

當然，有的時候腳尖離地其實只是一種好奇心的表現，比如當人們想要看熱鬧時，擠在外面的人就會踮起腳尖往裡看。所以具體問題還是要具體分析。

▶ **腳尖的朝向**

通常情況下，我們會將腳尖轉向自己所喜歡的人，所以當我們與自己喜歡的人在一起的時候，不僅身體會朝向對方，就連膝蓋和腳尖也會朝向對方。而這樣的動作同時還是一個防止別人擠進你們中間的防禦性姿勢。

所以，當我們在生活中看到兩個人雖然都在笑著談話，但是腳尖卻各朝一方的時候，那就可以判定這兩個人的關係並不像表面上那麼和諧。

了解了這個規律後，對我們的相親也會很有幫助。相親的時候如果對方對我們有好感，那就一定會用腳尖對著我們；如果在聊天的過程中對方的腳尖一直朝著其他方向，而且中途還起身上洗手間的話，那就表示對方對我們並沒什麼興趣。這樣的話，我們就不需要再浪費時間了。

此外，透過這個動作，我們也可以判斷出對方是不是真的願意與我們交流。如果我們與一個人交流的時候，對方的腳尖原本是朝著我們的，但是卻突然將腳尖移開，那就說明很有可能是他無法接受我們的觀點，又或是我們在不經意之間說了一些冒犯他的話。這個時候我們應馬上結束當前的話題，停下來徵詢對方的意見。

當我們與人交流時，雖然對方很有禮貌地與我們談話，但是腳尖卻朝著別的方向，那就說明他想要離開，而且腳尖朝著的方向就是他想要去的方向。

▸ 不斷地用腳尖點地板

　　當我們與人交流的時候，發現對方不斷地用腳尖點地板，那就表示他在向我們發出警告，警告我們不要再靠近他，否則他就要對我們不客氣了。所以當對方做出這樣的動作時，我們最好是原地不動，不要繼續侵犯對方的領地。

▸ 坐在椅子前端，踮起腳尖

　　當我們與人交流的時候，如果對方坐在椅子的前端，踮起腳尖，表現出一種殷切的姿態，那就說明對方是願意與我們合作的。如果我們能好好把握這個機會，那雙方就很有可能會達成互利互惠的協定。

‖ 與膝蓋有關的祕密 ‖

【心理學故事】

　　張路是一家報社的記者，大學畢業後他就進入這家報社工作，到現在已經 6 年了，一直都非常有幹勁，而且也會說話。所以社裡的上司都挺喜歡他，有什麼重要的工作都會想到他，有什麼重要的事情也會徵求一下他的意見。

　　最近社裡打算搞一次以「中秋團圓」為主題的大型綜合報導，報社領

導要求這次報導一定要有新意，不能千篇一律，而且還特別說明這次的報導與年終的獎金，甚至與升職有關係。這樣一來，但凡是有點上進心的人都開始積極動腦筋，想著做出有新意的報導策劃，張路自然也不例外。

經過一段時間的思考和調查後，他對於這次的報導有了一套整體的想法，而且他也很有信心能夠得到社裡上司的認可。於是就在一個午後，他敲開了社長辦公室的門，簡短說明來意後，他就滔滔不絕地向社長介紹起了自己的想法，可是沒想到社長對他的回應卻少得可憐。

他想這下完了，辛辛苦苦做了這麼多，社長居然根本就不感興趣，這可怎麼辦？正當他暗自神傷的時候，卻偶然發現社長的兩隻手按在膝蓋上，這時候他大腦中靈光一閃，想起自己最近看的那本心理學的書上寫著，雙手按在膝蓋上是想要離開的表現，可能是有更重要的事情要做。想到這裡，他就知道社長並不是對自己的策劃案不感興趣，而是有更重要的事要做，所以心思根本就不在這上面，這樣的話自己再講下去也沒有意義。於是，他就對社長說：「您應該是還有重要的事情要做吧？要不然今天我就先給您彙報到這裡，等您哪天有時間了我再來給您彙報。」

社長聽了，說：「真是不好意思，我還真是有點事要去辦，要不你先去忙吧，等我忙完了手頭的事會去找你。」聽社長這麼說，張路連忙笑著答應，然後就離開了。

過了一天，社長果然主動找他聊報導的事，這次社長聽得很認真，還不時提出一些建議和問題。最後，張路關於這次報導的一些想法得到了社長的認可，他後來也因為這次報導受到了報社的獎勵。

【心理學家分析】

　　故事中出現了與膝蓋有關的動作，在日常生活中與膝蓋有關的動作貌似並不常見。可是不可否認的是我們的膝蓋也隱藏了很多祕密，如果我們認真觀察的話，就會有很多意想不到的發現。下面，就讓我們來了解一下與膝蓋動作有關的心理祕密：

▶ 雙手交叉放在膝蓋上

　　當我們與一個人談話時，如果對方還沒有做出最終的決定，那麼就會很自然地出現雙手交叉、放在膝蓋上的動作。心理學家認為，這是一種中立的姿勢，表明行為人現在正處在觀望之中。當我們看到對方做出這樣的動作時，就應繼續談下去，直到對方同意我們的要求或是接受我們的觀點。

▶ 雙手按住膝蓋

　　如果在談話的過程中，發現對方做出了雙手按住膝蓋的動作，那麼我們最好是馬上結束自己的談話，因為這樣的動作表明他的大腦已經做好了結束談話的準備，他很可能有更為重要的事情要做。心理學家認為，通常緊跟這個動作之後的動作或姿勢，是身體前傾或是身體放低，轉向椅子的一側。當我們注意到這些動作，尤其是自己的上司做出這些動作時，就一定要及時結束自己的談話，千萬不要拖延。

▶ 十指交叉放在膝蓋上

　　當我們與人交談時，假如對方先是把頭轉開，並且還慢慢地將身體轉開，下意識地十指交叉在一起，然後放在膝蓋上。如果對方出現了這樣的動作，那就說明對方覺得很無聊，所以當我們發現對方做出這個動作時，最好停止正在進行的談話。

Part *6*
不同姿勢暴露你的內心

在社交場合與他人交流時，如果我們想要從對方身上獲取更多的資訊，不妨仔細觀察對方的坐姿動作，就能看透對方的心理活動，從而在溝通的過程中掌握主動。

行走姿勢暴露真實個性

【心理學故事】

鄭芳今年 30 歲，單身，在此之前，很多朋友都曾介紹過不錯的男生給她，但鄭芳與其相處不到兩天總是能找出萬般理由，結果都以失敗告終。但最近，有不同的朋友介紹了兩個男生給她，與他們相處一段時間後，鄭芳陷入了兩難的境地。原來，這兩個男生都比較優秀，而且對鄭芳也都很關心和體貼，這讓她不知該如何選擇。

於是，她向做諮商心理師的閨密討教，希望對方能夠給她辦法。當閨密得知具體的情況後，安慰她道：「這個問題不用煩惱，我會幫你輕鬆解決的，只要你下次再與他們倆見面時帶上我就行。」聽閨密這樣說，鄭芳頓時感到輕鬆了不少。

恰好這週末鄭芳沒有其他事，便約了兩個男生一個在上午見，一個在下午見。當鄭芳帶著閨密見了兩個男生後，在她們回去的路上，閨密對鄭芳說：「不要煩惱了，你可以選擇與第二個男生繼續交往，第一個男生就算了。」鄭芳非常不解地問：「為什麼呢？」

閨密慢條斯理地說道：「雖然兩個男生看起來相貌不錯，而且對你也很體貼，但你有沒有注意到第一個男生走路時會踮腳，而且整個人看起來一顛一顛的。一般來說，這類人往往比較自信，做事很有主見，不喜歡服從他人，甚至有時候有點自我。不過，值得肯定的是，他在某一個領域可能是一個佼佼者。」

鄭芳頻頻點頭回應道：「確實如此，他在設計方面很有才華，他的很

多作品都曾得過獎。與他交往一段時間，確實發現他很有主見，稍微有些小自我，不太容易聽進我所說的話。」

接著，閨密又分析道：「我之所以讓你選擇與第二個男生深入交往，是因為我發現他在走路時比較快，而且上臂擺動的幅度比較大。一般來說，這類人做事較為認真、負責，雖然脾氣有些急，但為人直爽、大方，說話做事都很直接，而且會很有計畫地做事，從來不會做沒有把握的事。」

鄭芳一邊點頭一邊回答：「是啊，與這個男生相處起來的確很舒服，他從來都是有什麼說什麼。上次與他的幾個朋友出門旅行，他事先就做好了計畫和攻略，所以我們幾個人玩得很開心。」後來，鄭芳聽從閨密的建議，與第二個男生開始了深入交往。半年之後，兩個人就步入了婚姻殿堂，而且婚後二人過得很幸福。

【心理學家分析】

在日常生活中，我們仔細觀察會發現，每個人走路的樣子千姿百態，各有不同：有的人走路時步履輕盈，讓人感到對方非常斯文、莊重；有的人走路時步伐矯健，給人一種健壯、精神抖擻之感；有的人走路左右搖晃，則會讓人對他產生一種厭煩之感。心理學家表示，行走的姿勢不僅能彰顯出一個人的風度和教養，還能暴露出一個人的內心活動和真實個性。

下面，我們就來看看哪些走路姿勢能夠反映出人們的心理狀態和性格特徵。

▸ 走路時頭部低垂，肩膀下垂

心理學家分析，當看到他人走路時頭部低垂，肩膀下垂，而且步伐無精打采，表明對方內心非常沮喪。所以他在走路時總是低著頭，眼睛往下

看，很少會抬頭看自己朝哪裡走。比如，小齊在考倒車入庫時，由於壓線沒有合格，從車上下來後，他低著頭，肩膀下垂，無精打采地往前走。

▶ 走路比較慢，身體稍微向前傾

心理學家分析，當我們發現一個人走路比較慢，身體稍微向前傾時，表明此人的脾氣比較溫和，喜歡過穩定、安逸的生活，不會考慮得太長遠，喜歡活在當下。不過，這類人有時候會給人一種不求上進、懶散之感。

▶ 走路時習慣用腳尖

心理學家分析，如果一個人走路時習慣用腳尖，表明對方的內心比較膽怯，所以才會用腳尖走路。這類人通常有點駝背，而且不會侵犯他人，因為他們走路時太安靜了，所以其他人幾乎聽不到他們走進房間的腳步聲。比如，與小章同宿舍的一個室友每次進宿舍時，大家都沒有發現他，因為他總是用腳尖走路，而且步伐非常輕。

▶ 走路時一步一回頭

心理學家分析，如果一個人走路時一步一回頭，即每走一步都會回頭看一眼，表明對方心存顧慮、擔心或是對某些事情依依不捨，抑或是遇到了讓自己心動的人，所以才會每走一步都回頭看一眼。

▶ 走路時跳躍著往前走

心理學家分析，走路時跳躍著往前走，即每跨出一步身體都會向前傾。這表明此人的內心中充滿了歡樂，對剛剛發生的事情還意猶未盡。一般來說，這種走路姿勢常常在陽光明朗的少年身上看到。比如，剛剛參加完歌唱比賽的小陸回家時，一邊跳躍著往前走，一邊哼唱著比賽時的歌曲。

▶ 走路時比較慌張

心理學家分析，走路時比較慌張則表明此人的內心比較脆弱，而且缺乏主見。如果是女性的話，則表明對方的性格有些優柔寡斷；如果是男性，則表明此人比較喜歡吹毛求疵。

▶ 走路時喜歡閒逛

心理學家分析，一個人走路時喜歡閒逛，表明此人為人比較樂觀，不會被壓力所擊倒和壓垮。這類人總是會抽出時間讓自己放鬆，所以活得非常輕鬆、自在。

比如，何峰在走路時喜歡閒逛，面對困難和挫折時他總能樂觀以待。即使現在他創業失敗了，而且還要面臨養家的壓力，但他依然會抽出時間來讓自己放鬆一下。

▶ 走路比較輕且穩

心理學家分析，如果一個人走路比較輕且穩，表明此人心思比較細膩，而且喜歡思考，對自我要求比較高，不管做什麼事都喜歡追求完美。一般來說，這類人往往有藝術家和思想家的潛質。

▶ 走路比較緩慢

心理學家分析，如果一個人走路時比較緩慢，表明對方可能年紀比較大或是身體狀況不太好，抑或是內心比較消極，即使前景比較樂觀，但這類人總是看到不好的一面。

比如，楊勒在走路時較為緩慢，當他遇到問題時總是消極地面對，最近他參加考試，報了 4 門課只過了兩門。因此，他便消極地放棄了考試。

▶ **走路習慣踱方步**

　　心理學家分析，走路習慣踱著方步，即步態顯得比較沉著穩重，表明這類人在面對困難和挫折時會保持清醒的頭腦，不會被其他事物影響自己的判斷力和分析力；他們往往不願微笑示人，認為這是做人的標準，雖然讓其他人對他們很敬畏，當他們獨處時內心卻有些悽苦。

拍照姿勢對映他人內心

【心理學故事】

　　最近，顧勇所在的技術部門新來了一位職員小李，他是一個大學畢業生。但他到公司已經一個多月了，大家除了知道他的名字，對他的情況並不是很了解，因為他不怎麼愛說話，總是喜歡獨來獨往。

　　有一次，小李做網站改版，在寫後臺程式碼時出現了一點問題，導致網站的一些欄目顯示出現了錯誤。於是，顧勇便找他了解一下具體的情況。他問小李：「你在寫程式碼時是不是出錯了？你看，網站有的欄目出現了問題。」可小李卻說不出所以然來，這讓顧勇感到與他溝通太難了。最後，顧勇只好仔細地檢視了小李所寫的程式碼，發現確實是他寫程式碼時寫錯了，所以才導致欄目顯示不出來。

　　近日，在公司舉辦的一次茶會活動中，顧勇發現小李一直默默地坐在最靠後的位置。當大家都在積極發言的時候，小李卻低著頭，不說一句話。部門主管見此狀，便點名道：「小李，你不要坐在那裡默不作聲，也

說兩句吧。」當他被點到名字後，怯懦地站了起來，支支吾吾說了兩句，但誰也沒有聽到他講什麼。老闆見此狀也不再難為他，只好示意他坐下。

在活動結束後，老闆提議全員和各個部門進行合照。於是，顧勇便張羅部門人員到指定的位置去拍照。而在拍照時，顧勇發現小李拍照的姿勢非常僵硬，只見他雙手下垂，一會兒微握著拳頭，一會兒又將雙手貼著褲縫邊，背部挺直，身體看起來非常僵硬。

對此，顧勇猜測，這表明小李可能有些不自信或是擔心被其他人看不起；雖然他的內心可能很關注他人的看法，但因為性格內向而喜歡獨來獨往，而且無法與他人正常溝通。這一點顧勇也是深有體會，和他同部門這麼久，每次與他溝通都比較難。

【心理學家分析】

在日常生活中，當人們去外地旅行或是看到不錯的風景時，都會拍很多照片以作留念，而且還會對照相時的姿勢和表情進行一番設計。不過，仔細觀察我們會發現，很多人不管置身於什麼樣的背景下都會擺出類似的姿勢。心理學家表示，其實，除了根據攝影師提示而擺出的姿勢外，人們經常做出的拍照姿勢往往能夠對映出一個人的內心狀態和真實個性。

那麼，有哪些拍照姿勢能夠暴露出人們的內心祕密呢？在此，我們就來看看心理學家是如何為我們分析、總結的。

▶ 拍照時喜歡擺剪刀手

心理學家分析，拍照時習慣做出這個動作的人性格大多比較天真爛漫、開朗、善良，從照片中就能感受到對方的熱情。也正因為如此，他們很容易讓人親近和喜歡，並且會有不錯的人際關係；只要面對鏡頭，這類人不管是

開心還是不開心，都會做出一個燦爛的笑容或是歪著頭微笑，給人一種青春的氣息；但平時他們不喜歡掩飾自己的情感，開心就笑，傷心就痛哭。

另外，他們在拍照後會將其發在社群，並喜歡用照片來記錄生活，分享自己的喜怒哀樂。

▸ 拍照時雙手抱於胸前

心理學家分析，拍照時習慣做出這個姿勢表明當事人有一種自我保護、鼓勵、支持之意，往往沒有什麼攻擊性。一般來說，這類人在事業上可能剛剛起步，但對未來充滿了信心。

比如，方桐在拍照時習慣將雙手抱於胸前。雖然他現在剛剛開始創業，朋友都對他的創業之路表示擔心，但他反過來安慰其他人，表示自己有信心做好，畢竟在創業前期他做了大量的調查和準備。

▸ 拍照時只是立正站好，雙手下垂，沒有過多的動作

心理學家分析，拍照時習慣做出這種姿勢的人大多性格比較靦腆，不善言辭；與人交往時，不會輕易向他人展露自己的內心，尤其是對陌生人，他們往往有防禦和牴觸的心理，屬於慢熱類型的；雖然外表看起來比較拘謹，但實際上有豐富的情感，內心比較細膩。他們之所以會與陌生人保持距離，是因為想要建立好感和信任後再展露自己的真性情。

一般來說，這類人不管是單獨拍照還是與朋友合照，他們的姿勢都是比較安靜的，也不會與其他人搶鏡頭，更不喜歡在社群晒自己的照片。

▸ 拍照時雙手叉腰或是單手叉腰，另一隻手扶著某個物體

心理學家分析，拍照時習慣做出這種姿勢，並且還出現下顎抬起、眼神堅定的表情，則表示這類人有很強的自信心，做什麼事都比較有把握或

是有控制欲；人生閱歷比較豐富，其事業可能正處於興盛時期。

比如，老楊是一位聲望很高的教授，經常會在學術方面獲得很多獎項，在拍照時他總是喜歡單手叉腰，另一隻手扶著牆壁，而且下顎抬起，眼神非常堅定地看著鏡頭。

▸ **拍照時用小道具或是其他物體來遮住臉部，只留下模糊的側臉**

心理學家分析，習慣這種拍照姿勢的人往往想要營造出一種朦朧的美感，這表明此類人大多比較浪漫，熱愛生活，善於發現生活中的美好事物，並且喜歡旅行和閱讀等，有著非常廣泛的興趣和愛好，總能將興趣當成一項事業進行鑽研；這類人天生就有藝術和審美的天賦，而且非常有品位。

另外，這類人大都是完美主義者，不管是生活還是工作都能打理得井然有序。同時，他們也相當自律，會一絲不苟地管理好自己的身材和外貌。在感情方面，他們會勇敢而大膽地追求中意的對象，即使最後未能如願，他們也不後悔。

▸ **拍照時身體僵硬，雙手下垂，手微握拳或貼著褲縫邊，背部挺直或是稍微內收**

心理學家分析，習慣做出這種拍照姿勢的人，大多缺乏自信或是擔心被他人看不起；在他們內心是非常關注其他人的看法的，但由於性格內向，總是喜歡獨處，所以與他人溝通比較困難；參加集體活動時，這類人總是坐在最靠後或是最靠邊的位置，除非被點名才會說幾句話，否則就只是默默地坐在角落裡。

▶ **拍照時習慣肢體舒展，看起來自然而放鬆**

　　心理學家分析，這種肢體舒展的姿勢是指在面對鏡頭時開懷大笑、伸展著雙臂或是歡快地跳起來等。習慣做出這種動作的人性格大多比較隨性、灑脫，喜歡追求自由而不被束縛的生活；從他們拍照的姿勢就能看出其不造作、真實的一面，可以說，這類人的生活就像是在鏡頭下那樣始終如一。

　　在社交場合中，他們從來不會在意他人的目光，認為只要做好自己就行；由於他們的性格比較爽朗，不會拘泥於一些細枝末節，所以，其表達方式也比較直接。另外，這類人比較喜歡追求新鮮的事物，喜歡各種戶外運動，所以他們的生活總是非常豐富多彩。

　　因此，與人交往時，如果我們想要更多地了解對方，想要知道他人的真實個性，不妨仔細觀察他們在拍照時的姿勢，從這些姿勢中就能讀懂對方的真性情。

點頭哈腰是表示迎合

【心理學故事】

　　曹彬與宋坤是同一時期進入一家公司的，雖然他們兩個人來自不同的學校，所學的專業也不一樣，但最後卻進入了同一個部門。這讓曹彬很奇怪，難道現在公司選人都不再看專業了嗎，還是宋坤的實力比較強呢？納悶歸納悶，由於兩個人是同一時期進公司的，而且宋坤看起來非常憨厚老

實，所以曹彬一直將宋坤當作朋友相處。

在公司半年之後，曹彬在工作中一向都是盡職盡責，而且做得很出色，但每次晉升都沒有他的份。而宋坤並沒有什麼特別的能力，做事也比較馬虎，但半年之後，他卻成了部門主管。這讓曹彬更加納悶了，難不成自己沒有發現宋坤的過人本領嗎？

有一天，當曹彬去找上司彙報工作時，剛走進門，就聽到上司對宋坤說：「你工作要多上些心了，與你同期進來的曹彬，工作很努力，但礙於你是我朋友介紹過來的，所以對你特別的照顧，很多機會本該屬於他的卻給了你，所以你可不要給我丟臉啊。」只見宋坤立刻頻頻點頭哈腰地回答道：「是，是，您說的是，我一定會更加努力的。」

此時的曹彬才恍然大悟，原來宋坤是靠關係進來的，難怪專業不對口卻能順利地進入了這家公司。當他看到宋坤點頭哈腰的姿勢，也明白了他是一個很會迎合他人的人，同時，他也推測這種人是不能得罪的，表面上看起來比較憨厚老實，但背地裡很可能會對他人使陰招。

之後，曹彬依然認真地完成上司交給他的任務，但他不再在意是否能夠晉升，只求把自己職責範圍內的事情做好就行。與此同時，他也漸漸疏遠宋坤，除了工作上的一些事務，不再與其有過多的接觸。

沒過多久，曹彬就聽聞與宋坤有競爭關係的一位部門主管被公司開除了。很多同事議論紛紛，都聲稱是宋坤在背後使了陰招，才導致對方被開除了。而那位同事離開公司沒多久，他的事務都被宋坤全權負責。此時，曹彬更加確認宋坤陰險的一面。

【心理學家分析】

在日常生活中，我們可能會看到這樣的情景：當上司給下屬下達命令或是部署工作時，總是一隻手叉在腰部，另一隻手指揮著；如果兩個人發生爭執時，有的人會習慣將雙手插在腰上；當傾聽他人的講話時，有的人總是會頻頻點頭，並且彎著腰。那麼，這些不同的腰部動作有哪些含義呢？在此，我們就來看看心理學家是如何為我們總結的。

▶ 點頭哈腰

心理學家分析，與人交談時，習慣擺出點頭哈腰這個姿勢往往是在迎合他人，而且這類人是不能得罪的，否則後果不堪設想；表面上看來他們可能比較憨厚老實，可一旦觸及對方的利益，他們就會露出猙獰、陰險的一面。比如，上文中提及的宋坤就是表面看起來老實，但喜歡在背後使陰招的人。

因此，心理學家建議，與這類人交往時，千萬不要被對方的假仁假義所矇蔽，以免我們信任對方後，卻被對方背後猛插一刀。

▶ 單手叉在腰部

心理學家分析，叉腰是一種支配性的動作，表現一個人的控制欲。習慣單手叉在腰部的人，往往會給人一種潛在的威脅，會讓他人產生一種高大的錯覺。同時，這個姿勢也讓周圍的人感到很有氣勢。

比如，身為總監的高煥每次給下屬布置工作時，總是單手叉在腰部，另一隻手則指向各個員工，為其分配各項工作。

▶ 雙手叉在腰部

心理學家表示，雙手叉在腰部也是一種支配性的動作，它比單手叉腰的效果更加明顯。在不同的環境中，它往往有不同的含義。

當人們遭遇困難和挫折時，有的人會採用雙手叉腰的姿勢，這表明當事人內心非常不悅，並且有不服輸之意，同時也傳遞出一種永不言敗的信念。比如，肖麗參加羽毛球比賽時，由於太過大意，連輸兩球，這讓她很不開心，只見她將球撿起來後，雙手叉在腰間，深呼吸調整自己的情緒。

當人們彰顯自己的權力時，也會採用雙手叉腰的姿勢，這表明對方想要給他人製造一種威風凜凜的印象，以顯示自己的地位和權力。比如，當夏敏去找某個部門的主管蓋章時，進入辦公室發現好幾個人都在房間裡，但她注意到其中有一個人雙手叉著腰站在人群中，這讓夏敏頓時明白對方可能就是自己要找的人。

當人們表達自己對其他人的好惡時，也會採用雙手叉腰的姿勢。身處於社交場合中，如果人們對旁邊的人不甚喜歡，就會不由自主地採取雙手叉腰的姿勢，以與對方保持距離；如果對一邊的人比較有好感，則會下意識地放下這邊的手臂。

不過，有時候雙手叉腰也有讓自己看起來更有精神的意圖，比如在拍照時，有的人會習慣做出這個動作。因此，心理學家建議，在生活中，我們不要刻意地解讀這些姿勢，而是要根據實際的環境，結合具體的情況來分析，才能更準確地判斷這些姿勢的真正含義。

除此之外，腰部動作還會在女性身上有充分的表現，它常常會透過無聲的線條來表達，比如在日本，當地的女性在見到他人後會彎腰行禮，這個姿勢將其柔美、溫順的一面展現了出來。

有心理學家經過研究還發現，當女性做出撫腰這個動作時，往往是在表達一種自我安慰；如果有的女性喜歡扭腰，並讓其呈現出 S 型，則表明對方是在吸引異性的注意；當女性對異性做出仰腰這個動作時，則表明當事人對那名異性非常信任和尊重。

┤┝ 坐姿背後的祕密 ┤┝

【心理學故事】

　　最近，徐燕所在的公司來了兩位新同事，一個是名牌大學的畢業生小劉，一個是畢業於普通大學的小孫，她們兩個人都進入了徐燕所在的部門。起初，徐燕與她們剛接觸時，感覺兩個人的工作能力都比較強，做事都很認真。尤其是小劉，看起來給人一種親切感，讓人很想與其親近。但一段時間過後，徐燕從二人的坐姿和深入交往中，發現了她們的不同之處，對她們的看法也有了改變。

　　有一次，當徐燕部門召開會議時，徐燕發現小劉坐在椅子上時習慣將右腿疊放在左腿上，兩隻小腿靠攏，雙手則交叉放在腿上，看起來似乎很溫和，讓人愈發想與其親近。於是，徐燕就靠近小劉，想過去跟她攀談。可是，小劉卻一副愛答不理的樣子，眼睛看向別處，似乎不把徐燕放在眼裡。

　　沒過多久，徐燕也聽聞其他同事都對她議論紛紛，有的同事說：「沒想到她這麼表裡不一呢，表面上看起來很溫和，但其實並不是那樣。每次找她辦事，她都表現得很冷漠。」還有的同事嘲諷道：「是不是因為名牌大學畢業的，所以才讓她有高傲的資本呢？」更有同事表示，與她共事時發現，她總喜歡耍一些小心機。所以，小劉在公司不到一個月，很多同事都不願與其深入交往了。

　　而與小孫接觸一段時間後，徐燕發現她做事很踏實、努力，為人也非常謙虛，而且很會替他人著想，雖然她的性格有些內向，但同事卻非常喜

歡與其交往，徐燕也是如此，很願意與她成為朋友。有一次，她在工作上表現得很出色，當同事都對她稱讚不已時，她謙虛地說：「我要學習的東西還有很多，希望以後大家多多指教。」

後來，徐燕觀察到小孫在坐著時，習慣將兩腿和兩腳跟緊緊地併攏在一起，兩隻手放在兩個膝蓋上，坐姿非常端正。這種坐姿就像她做人一樣，為人很正派，堅信「一分耕耘，一分收穫」，所以做人做事總是腳踏實地。

【心理學家分析】

心理學家經過研究發現，坐姿往往能夠暴露人們的性格特徵，如果我們仔細觀察一個人在日常生活中的坐姿，就可以判斷出對方的心理活動和真實個性。比如，在《智取威虎山》中，當楊子榮去見坐山雕時，看到對方蹺起二郎腿，端坐在椅子上時，有著多年偵查員經驗的楊子榮判斷，對方這樣的坐姿是一種居高臨下的優勢，是想要透過這種氣勢來給自己下馬威，以探聽自己前來的目的。

在日常生活中，我們會發現人們在坐著時有各式各樣的姿勢：有的人在落座時喜歡雙腿併攏，有的人在坐著時喜歡將腿叉開，還有的人喜歡蹺著二郎腿坐。那麼，這些不同的坐姿反映出人們怎樣的內心狀態呢？對此，心理學家為我們總結出以下內容：

▶ **坐著時習慣將大腿分開，兩腳後跟併攏，兩手放在肚臍的部位**

心理學家分析，習慣這種坐姿的人大多比較有勇氣，而且很有決斷力，一旦他們決定做某件事情，就會立刻採取行動並實施；他們喜歡追求新生事物，也勇於承擔責任；這類人往往有一種無形的震懾力和氣魄，雖

然很多人並不是真心尊重他們，但會被其氣場影響到。

在愛情方面，當他們對異性產生好感時，就會積極主動地表白。不過，這類人的占有慾比較強，總是喜歡干涉戀人的生活。

比如，周博在坐著時習慣將大腿分開，兩腳後跟併攏，兩手放在肚臍的部位。最近他在圖書館上自習時經常碰到一個女生，他對那名女生心生好感，沒過多久，他就主動向對方表白了。可是，在他們倆相處一段時間後，女生發現他控制欲太強了，經常干涉自己的生活。因此，兩個人經常會因為這件事而發生爭執。

▶ 坐著時習慣將左腿交疊在右腿上，雙手放在腿的兩側

心理學家分析，習慣這種坐姿的人往往比較有自信，堅信自己對某件事情的看法；這類人很有才氣，在日常生活中也有很強的協調能力，所以，總喜歡充當領導者的角色。不過，當他們完全沉浸在勝利中時，會有一些得意忘形。

▶ 坐著時習慣將兩腿和兩個腳跟併攏在一起，兩手放在膝蓋上

心理學家分析，習慣這種坐姿的人大多性格比較內向，而且為人謙虛；喜歡為他人著想，所以身邊會有不少朋友；在工作中，這類人往往比較踏實、努力，喜歡埋頭苦幹；他們為人如同其坐姿，正派，堅信「一分耕耘，一分收穫」，不喜歡那些誇誇其談的人。比如，上文中提到的小孫。

▶ 坐著時習慣將兩腿分開而且距離比較寬，兩隻手隨意放著

心理學家分析，習慣這種坐姿的人大多喜歡追求新奇的事物，總是做一些他人不能做的事情；這類人很喜歡與人交往，總是微笑示人，對他人

的指責和批評不會放在心上，所以人際關係不錯。

比如，王明在坐著時總是喜歡兩腿分開而且距離比較寬，兩隻手隨意放著。雖然表面上看來他有些放蕩不羈，但與其接觸後，很多人都感覺他為人不錯，因為他從來不會將他人的批評放在心上，而且對人總是一副笑容可掬的樣子。

▶ 坐著時習慣右腿疊放在左腿上，兩小腿靠攏，雙手交叉放在腿上

心理學家分析，習慣這種坐姿的人表面看起來很溫和，讓人看了很想與其親近，但實際情況卻相反。當有人找他們說話或是做事時，他們就會表現出一副愛答不理的樣子，這往往會讓人產生一種錯覺。其實，這類人的性格就是這樣，比較冷漠，而且還會耍一些小心機。比如，上文中提及的小劉。

▶ 坐著時習慣兩腿和兩腳跟併攏靠在一起，十指交叉放在腹部

心理學家分析，習慣這種坐姿的人大多為人比較古板，總是不願接受他人的意見，有時候明知道他人說的是對的，他們也不肯接受；這類人常常會因為工作壓力過大而缺乏耐心，有時候會顯得非常厭煩，甚至會產生反感；他們總是喜歡誇誇其談，一旦遇到困難和挫折，就會缺少堅持不懈的精神。

比如，文婧在坐著時習慣兩腿和兩腳跟併攏靠在一起，十指交叉放在腹部，認識她的人都知道，她總是不願接受他人的意見。有一次，她要坐較早的一班火車去外地，有朋友建議她坐地鐵比較快，而且不塞車，可她明知道朋友說的是對的，但就是聽不進去，寧願多睡一會兒搭計程車過去，結果被路上塞車，最後只好改搭另一趟車，而且還耽誤她不少時間。

▶ 坐著時習慣半躺著，並且將手抱在頭後面

心理學家分析，習慣這種坐姿的人大多性格比較溫和，與很多人都相處得不錯；善於控制自己的情緒，所以獲得朋友的信賴；他們不管做什麼事都比較得心應手，這是因為他們的毅力比較強，所以在某些方面很容易成功。

另外，在一個人入座後，其姿勢並不是保持不變的，通常會有意無意間做一些動作，而這些動作也能反映出人們的內心活動和性格特徵。

▶ 入座後總是轉著頭打量周圍

心理學家分析，入座時習慣做這個動作，表明這類人意志比較薄弱，做錯了事就會找很多藉口為自己開脫，難以擔當責任。

比如，曉星與相親對象見面時，對方在入座後不時地轉著頭打量周圍，這讓曉星不禁對他有些反感，因為她知道這類人在做錯事後，總會有一大堆理由為自己開脫，不願承擔責任。所以，後來曉星就不再與其見面了。

▶ 入座後習慣整理衣領以及袖子

心理學家分析，一個人在入座後習慣做出這個動作，表明此人有些自負，很愛面子，並相當在意他人的批評，是個榮譽感很強的人。不過，這類人往往有著敏銳的觀察力。

▶ 入座後喜歡擺弄手指

心理學家分析，與人交談時，當發現對方在入座後不停地擺弄手指，則表明此人內心有疑惑或是猶豫不決。這種情況大多出現在商議某件事情或談論有關男女感情的事情時。

比如，方俊與女友約在一個咖啡館中商量他們的婚事，當女友來了入座後就在不停地擺弄著她的手指。方俊見此狀，知道女友內心還有些猶豫。於是，他耐心引導女友，讓對方說出心中的猶豫，以讓他們之間變得更加坦誠。

▶ 入座後喜歡盤手交叉於胸前

心理學家分析，當發現他人在入座後做出這個動作時，表明此人做事比較小心謹慎，雖然有些固執己見，但不願與他人進行爭辯，也可能是在那裡獨自思考。一般來說，這類人反應往往有些慢。

▶ 入座後眼睛看著膝蓋或是腳

心理學家分析，入座後習慣做出這種動作的人大多有很強的自卑感，這可能與他們出身貧苦有關，他們常常會自尋煩惱而遭遇挫折。但這類人不把貧窮當作改變的動力，而是聽天由命地接受，讓人對他們感到可憐又可恨。

比如，在山區出生的小林，雖然在大都市中上學、工作，但他的內心卻相當自卑，每次與朋友一起外出吃飯時，他入座後眼睛總是看著膝蓋或是腳，不敢與其他人交流。

因此，在社交場合與他人交流時，如果我們想要從對方身上獲取更多的資訊，不妨仔細觀察對方的坐姿動作，就能看透對方的心理活動，從而在溝通的過程中掌握主動。

透過端杯姿勢洞察他人個性

【心理學故事】

　　週末，郭雯與幾個好姐妹去酒吧玩樂，這是她們定好的「規矩」：每隔一段時間幾個人就相約來酒吧放鬆一下，以釋放生活和工作的壓力。不過，她們每次並不多喝，只是點到為止就好。

　　當她們幾個人在吧檯旁邊喝邊聊時，有兩個男生走過來搭訕，其中一個男生對郭雯說：「不好意思，打擾一下，我們能否請你們幾個喝杯酒呢？」郭雯在酒吧見多了這樣的男生，大都是因為無聊想與女生攀談，或是想要進一步認識。她看到姐妹們都沒有反感，便應允了。

　　當那個男生讓服務生拿來酒，郭雯注意到他在端酒杯時手握著杯柱，而且喜歡將酒杯拿在手中旋轉或是搖晃。因此，郭雯猜測對方可能是一個自由散漫的人，善於交際，並喜歡表現自己，很有異性緣。不過，這類人雖然有情趣，但不可靠。

　　而另外一個男生在拿酒杯時則是雙手握著杯子，並不時地把玩著酒杯。對此，郭雯猜測對方表面看起來比較隨性、豁達，但實際上有很深的城府；對異性往往有很強的占有欲；這種人雖然很喜歡廣結人緣，但沒有長久的朋友，只有利益上的夥伴。

　　觀察到這裡，郭雯與他們有一句沒一句地閒聊著。過一會兒，那個手握著杯柱的男生就與其他幾個姐妹聊得很熱絡，而且將她們逗得「哈哈」大笑，還不斷地炫耀自己，聲稱自己多麼厲害，曾經隻身一人在野外生活三天兩夜。

　　沒過多久，那個男生向她們提議道：「我知道在這附近還有一間不錯的酒吧和 KTV，我們不妨去那裡再玩一會兒吧，到時候我請你們幾個。」其他幾個姐妹聽後略微遲疑了一下，而郭雯則回答道：「不好意思，喝完這杯酒我們就該回去了，而且我們還有其他事要做。」對方聽聞便不再說什麼。

　　在回去的路上，有姐妹不解地問郭雯：「剛剛請我們喝酒的那兩個男生我感覺挺不錯的啊，講話很有意思啊，為什麼不和他們再進一步地交往呢？」郭雯便將自己所做的觀察和推測告訴了對方，姐妹聽後頻頻點頭。

　　沒過多久，當郭雯幾個人再去酒吧玩樂時，在一個角落中，她們發現那兩個男生與幾個女生聊得正開心。沒過多久，兩個人又端著酒杯找其他女生搭訕了。

【心理學家分析】

　　心理學家經過研究發現，透過言行舉止往往能夠洞察他人的真實個性，特別是一些習慣性動作，更能清楚地展現人們的心理活動。比如端酒杯的姿勢，在不經意間就會表現出來，只要我們細心觀察，就會從中發現對方的個性。

　　那麼，哪些端酒杯的姿勢能夠暴露出一個人的內心和特性呢？因此，有心理學家為我們總結出以下內容：

▶ 端酒杯時手持酒杯上方

　　心理學家分析，端酒杯時手持酒杯上方的人大多不拘小節，而且他們的嗓門比較大，喜歡一邊喝酒一邊聊天，此時的他們可能正值春風得意的時候。比如，老周端酒杯時習慣手持酒杯上方，喜歡一邊喝酒一邊聊天。由於他的嗓門比較大，所以朋友找其喝酒時都會找一個包廂。

▶ 端酒杯時手持酒杯中間位置

　　心理學家分析，端酒杯時手持酒杯中間位置的人待人往往比較大方，而且很有親和力。由於待人親切，所以不會輕易拒絕他人的請求，雖然有些時候心裡不太樂意，但表面上依然會面露微笑答應對方。

▶ 端酒杯時手持酒杯下方

　　心理學家分析，端酒杯時手持酒杯下方的人大多比較善變，非常在意小節，總是很在意他人的眼光。正因為如此，這類人大多有些內向，而且有些神經質；由於這類人情緒多變，所以一旦有不開心的事情就會顯現在臉上，從而給其他人帶來不快。

　　比如，丫丫在端酒杯時習慣手持酒杯下方，很多與她相識的人都不願與她喝酒。在一次聚會上，本來大家都在開心地聊著，但丫丫卻因為他人提及自己的糗事而立刻變得不開心，全程黑著臉，不再與那個提及她糗事的人說話，這讓對方以及周圍的人都感到很尷尬。

▶ 一隻手端酒杯，另一隻手抽著煙

　　心理學家分析，習慣這種姿勢端酒杯的人大都比較自信，但很喜歡獨來獨往；這類人往往比較有才能，在工作中會展現出自己的實力，但在人際關係上由於不注重小節而會得罪一些人。

▶ 端酒杯（高腳杯）時用食指和中指夾住杯柱，手背撐著杯體

　　心理學家分析，習慣這種姿勢端酒杯的人大都有氣質、高雅，內心細膩、為人處世比較得體，多在女性身上有所展現。這個動作讓人看起來非常優雅。

　　比如，喬密是時尚雜誌的主編，每次與他人吃飯時，她都習慣用食指

和中指夾住杯柱，手背撐著杯體。與她合作的人都會成為長期客戶，因為她做事很得體，深得對方的滿意。

▶ 端酒杯（高腳杯）時習慣手握杯柱

心理學家分析，這種姿勢大多是品酒師的動作，由於長期飲酒或是職業習慣所導致的。不過，如果仔細觀察會發現，如果有的人喜歡手握杯柱時將酒杯在手中旋轉或是搖晃，這表明這類人大多比較隨性、我行我素；很愛表現自己，善於交際，有不錯的異性緣。如果是男性，則比較有情趣，但不可靠；如果是女性，則比較淺薄。比如，上文中郭雯在酒吧中遇到的男生。

▶ 端酒杯（高腳杯）時習慣雙手握著杯子並旋轉

心理學家分析，這種姿勢往往比較少見，有把玩的意思，這表明此人表面上看起來比較隨性，但很有城府；雖然喜歡廣結人緣，但沒有長久的朋友，只有利益上的夥伴；對異性有很強的占有欲。

除了端酒杯能夠洞穿人們的個性，端杯喝茶的各種姿勢同樣也能夠看出人們的內心狀態和性格特徵：

▶ 端茶杯時習慣緊握住杯耳

心理學家分析，端茶杯時習慣採取這種姿勢的人，大多比較喜歡引人注意，做什麼事總是我行我素。比如，范穎喝茶時習慣緊握住茶杯的耳朵，每次她到公司，總是人未到聲音先到，而且動靜非常大。所以，只要她出現，總能引起很多人的注意。

▶ 端茶杯時喜歡用手捂住杯口

心理學家分析，端茶杯時習慣採用這種姿勢的人大多善於偽裝，就像捂住杯口那樣，他們會用同樣的方法來掩飾自己的感情。一般來說，這類人的城府比較深，不會輕易在他人面前暴露自己的真情實感。

▶ 端茶杯時習慣用小指和拇指來支撐杯子

心理學家分析，端茶杯時習慣這種姿勢的人大多具有藝術家的氣質，比較愛幻想。不過，這類人常常會因為天馬行空的想法，而不理會其他人的意見，因此，會受到別人的質疑。

比如，周瑩在喝茶時喜歡用小指和拇指來支撐杯子，她總是有很多不切實際的想法。有一次，她與同事說自己想要做一個環遊世界的旅行家，將自己所去的地方都拍下來並寫成攻略。但同事知道她相當宅，每逢週末、假期從來都不出門，所以建議她先改掉宅在家中的習慣，多出去走走。但周瑩卻不理會對方的建議，依然幻想著自己環遊世界的美夢。

▶ 端茶杯時一隻手緊緊握住杯子，另一手隨意劃著杯沿

心理學家分析，端茶杯時習慣這種姿勢的人大多處於沉思的階段，可能正在思考某個問題。當與人溝通交流時，發現對方這個動作後，先不要打擾對方。

▶ 端茶杯時習慣翹起小指

心理學家分析，端茶杯時習慣這個姿勢的人大多比較優雅，但往往喜歡以自我為中心，而且有些神經質。這類人很在意小節，對身邊的朋友比較吝嗇。

端茶杯時緊緊握住杯子，有時候會將杯子放在腿上

心理學家分析，習慣這種端茶杯姿勢的人大多是一個很好的傾聽者，他們之所以會將杯子放在腿上，是為了更專注地聽他人講話。

拿手機姿勢暴露個人性格

【心理學故事】

在朋友的眼中，朱越是一個慷慨大方的人，從來不會因為一點小事而與他人斤斤計較。前段時間，有個朋友從他那裡借了三萬塊錢，在借錢之前本來說是一個月內就會將錢還上的，但後來拖了半年也沒有還。

當其他朋友得知這個情況後都說他：「你真是太傻了，將錢借出去怎麼也不讓對方寫個借據呢！」可朱越卻回答：「沒事的，都是朋友，怎麼好意思開這個口呢？何況他也是救急用的，等他有錢了自然會還給我的。」

後來，那位朋友確實將錢還給他了，但由於經濟上有困難，只還了兩萬九，對方表示，後續會再將剩下的錢還給他。朱越也知道這位朋友最近事情比較多，便慷慨地對他說：「剩下的錢不用還了，我可能以後還會有事麻煩你呢。」這讓對方不勝感激。之後，那位朋友與朱越的感情越來越好，只要朱越有什麼事，他都會及時趕到。

最近，朱越與相戀三年的女友分手了，很多朋友得知這個情況都紛紛打電話安慰他，但朱越雲淡風輕地回應他們：「我沒事的，感情的事情怎麼能勉強的呢？適合就在一起，不適合肯定就會分開了。」朋友們聽他那樣講，都以為他已經看開了。

而曾經得到朱越幫助的那位朋友雖然打電話安慰他，但依然不放心，特意跑到朱越的家裡來看望他。雖然朱越對他說：「沒事的，沒事的，我已經看開了。」但朋友卻發現朱越在拿手機時雙手握著，並且用兩個大拇指在螢幕上不經意地隨意劃著。

看到他的這個姿勢，朋友推斷，雖然表面上他看起來很淡定，但內心並不是這樣的。他可能正沉浸在悲傷的情緒中無法自拔，但為了保持自己的自尊心，在他人面前顯示自己不在乎。其實，他越是表面上不在乎，內心反而很在乎。

於是，那位朋友便不再勸說朱越，也不再談及他感情方面的事情，而是對他說：「最近，有朋友給我幾張旅遊景點的門票，我這兩天正好也有時間，我們再約幾個人出去走走吧，好久沒有一起出去玩了。」

其實，朱越這兩天一直窩在家裡黯然神傷，總是想著他與前女友的快樂時光。聽聞朋友這一建議，他也想藉此機會出去散散心。後來，多虧了這位朋友的陪伴和散心，朱越才漸漸從失戀的陰影中走了出來。

【心理學家分析】

現如今，幾乎每個人都有一部手機，手機也成了很多人日常生活的一部分。在大街小巷中，我們經常會看到很多人一邊走路一邊低著頭玩手機。可讓人不曾想到的是，有心理學家研究發現，透過拿手機的姿勢往往能夠洞察一個人的真實個性。

那麼，哪些拿手機的姿勢能夠反映出一個人的內心活動和性格呢？在此，我們就來看看心理學家是如何為我們總結的：

▶ 單手拿著手機，並且同手的拇指操控螢幕

心理學家分析，習慣這種姿勢拿手機的人大多是一個值得信賴的朋友，所以人際關係不錯；性格比較直爽、為人真誠，說話總是直來直往的；雖然他們比較有才氣，但不喜歡鋒芒畢露，也不喜歡太過高調。所以，很多朋友都感覺他們有些神祕；在工作上，他們比較踏實，而且盡職盡責，

很有想法和創意。

在感情方面,這類人往往比較謹慎,有很強的自我保護欲,不會輕易地暴露自己的情感。不過,如果他們認定了對方,就會表現得很專一,對對方相當忠誠和信任。

比如,牛輝在拿手機時習慣單手拿著,並且會用同手的拇指劃著螢幕,每次部門開會討論策劃方案時,他總是有很多的創意和想法,所以大家都稱他「點子王」。

▶ **一隻手拿著手機,另一手的拇指來操控螢幕**

心理學家分析,習慣採用這種姿勢拿手機的人大多比較風趣幽默,喜歡自嘲,所以周圍的人都喜歡與其相處;富有同情心和愛心,喜歡幫助他人;好奇心比較重,有很強的求知欲,所以比較喜歡追求新奇的事物;內心比較單純,總是希望獲得他人的真誠對待,可因為生性善良而會被他人算計和傷害;雖然在很多事情上非常有想法,但他們卻放在心裡,不願宣之於口,所以有時候這類人比較孤單。

而在感情方面,他們不善於表達自己的情感,所以常常會選擇壓抑自己的情緒迎合對方,從而導致兩個人產生很多隔閡。因此,心理學家建議,這類人在感情生活中要學會表達,與伴侶多溝通交流,才會讓兩個人的感情更進一步。

比如,肖瀟拿手機時習慣一隻手拿著,另一手的拇指來操控螢幕。由於他與人聊天總是喜歡自嘲,經常逗得大家「哈哈」大笑,所以,他到新公司還不到半個月,就與同事們相處得非常融洽,而且大家在沒事時都喜歡找他聊天。

▶ 一隻手拿著手機，另一隻手的食指操控螢幕

心理學家分析，拿手機時習慣採取這種姿勢的人大多思維比較敏捷、頭腦清晰，所以反應比較快，在團隊中往往充當領導者的角色，善於掌控局面；表面上看來，他們喜歡交際和熱鬧，但內心卻希望有一個安穩的生活；平時比較注重藝術修養，所以這類人有獨特的人格魅力。

在感情方面，這類人往往比較好相處。不過，他們的感情軟肋就是太過心軟，即使自己受到很大的傷害，只要不觸及其底線，並且對方真誠地做出道歉，他們都會選擇原諒，因為他們不喜歡與戀人爭執或是冷戰。

▶ 兩隻手拿著手機，用兩個大拇指操控螢幕

心理學家分析，拿手機時習慣採取這種姿勢的人大多比較自信，為人慷慨大方，喜歡交朋友，從來不會因為一點小事而與人斤斤計較，所以很多朋友都喜歡與其深交；在工作中，他們頭腦靈活，做事盡職盡責，對自己的要求比較高，總是要求自己做得更好一些，有很強的上進心。

在感情方面，這類人往往表面上看起來很淡定，但內心卻不是這樣，很容易沉浸在過去的悲傷情感中。可是，由於他們總喜歡保持高自尊，所以即使自己很在乎，也會讓他人感到自己不在乎，裝出一副無所謂的樣子。比如，上文中提及的朱越，與女友分手後雖然內心很悲傷，卻裝出一副滿不在乎的樣子。

從站姿窺視內心

【心理學故事】

趙雷與女友相戀兩年了，可是兩個人卻因為工作的原因相隔兩地，只能在假期小聚。其實，他們原來在同一個地方，但趙雷的公司由於業務拓展，所以派趙雷去了外地。誰知，這一去竟然已經有一年多了。最近，趙雷聽公司內部傳來消息：過一段時間他們可能就能回到「大本營」了。這讓趙雷非常開心，終於不用再和女友分隔兩地了。

適逢假期，他回來看女友時，第一時間就想把這件事告訴對方。但這次回來，趙雷卻發現女友對他似乎有距離感，而且沒有以往那麼親密了。當他進門時，女友並沒有像之前那樣開心地擁抱他，而是淡淡地說了一句「你回來了」。然後，她單腳直立，另一條腿稍微有些彎曲地站在門邊。這讓趙雷立刻感到他與女友之間有距離感，而且女友似乎在隱藏著內心的真實想法，不願與其坦誠相對。

趙雷見此狀，不再多說什麼，他本來打算先帶女友去吃飯的，吃完飯再告訴她這個好消息。但此時女友用這種態度對他，讓他心裡有些失落。當女友聽到要出去吃飯時，聲稱身體不舒服，不想出去。當兩個人尷尬地坐在那裡時，女友的電話總是響個不停，好像有很多的資訊，但她似乎礙於趙雷在，沒有及時回覆。

後來，女友的電話響了起來，她不得不接起電話，但走到了陽臺上去接，並且把陽臺的推拉門拉上了。由於推拉門是一扇透明的玻璃門，坐在客廳的趙雷很清楚地觀察到女友在接電話時的狀態。

他發現女友站在陽臺上接電話時是用腳後跟著地，而不是整個腳掌著地，而且背部靠著陽臺，不停地抬起前腳掌，有節奏地做著這樣一個重複的動作。與此同時，在接電話的過程中，女友似乎很開心，剛剛還說自己身體不舒服，但現在似乎一點事也沒有。

此時，趙雷突然意識到，女友可能已經移情別戀了。因為這種站姿他經常看到，特別是女同事打電話給男友時，心情總是非常愉悅。想到這裡，趙雷的內心更加感到失落，胸口好像被什麼東西壓住似的。他不願再尷尬地坐在那裡，沒有跟女友打招呼就默默地離開了。

後來，他從女友與他的共同好友那裡得知，前段時間，女友生病時無人照顧，她的一位男同事一直在她身邊悉心照顧，經常接送她上下班，兩個人漸漸有了感情。

【心理學家分析】

有心理學家表示，站姿猶如性格的一面鏡子，透過這個動作能夠窺視出他人的內心和真實的個性。的確，經過仔細觀察，我們會發現，每個人的站姿都是不同的：有的人習慣雙腳自然站立，有的人喜歡手叉腰雙腿分開站著，還有的人習慣含胸駝背地站著。那麼，這些不同的站姿能夠反映出人們的哪些內心活動和性格呢？在此，就來看看心理學家是如何為我們總結的。

▶ 站立時雙腳自然站著，雙手插在口袋裡，並不時地伸出來放進去

心理學家分析，習慣這種站姿的人大多比較小心謹慎，做什麼事總是三思而後行，如果讓他們決定做某件事，往往需要給其一份計畫；這類人在工作中不懂得靈活性，總是生硬地解決一些問題，在事後卻會感到後

悔；他們常常將自己關在一個房間中思考未來，但他們大多會因為承受不了失敗和挫折的打擊而變得垂頭喪氣。

▶ 站立時雙腳形成內八字形

心理學家分析，這種站姿大多表現在女性身上，它往往有軟化態度的意味。很多女性在擔心自己的支配欲和控制欲過強時，就會採取這種姿勢。

比如，男友總是向欣欣抱怨她的控制欲太強了，經常讓自己依從她的意思做事，這讓他感到很煩。其實，欣欣也意識到自己的這個問題，所以之後她再有讓男友按照她的意思做事的想法時，就會在站著時雙腳形成內八字形。

▶ 站立時雙手交叉放在胸前，兩腳平行

心理學家分析，習慣這種站姿的人大多有叛逆意識，時常會忽略他人的存在，有較強的攻擊性；這類人往往有很強的創造力，並不是因為他們比其他人聰明，而是勇於表現自己。

▶ 站立時雙手叉著腰，雙腳分開

心理學家分析，習慣這種站姿的人往往有很強的自信心，由於他們的雙腳分開，並且比肩膀寬，會讓人看後感覺他們的身軀擴大了似的，從而給人一種很威風的印象。如果採用這種站姿時還出現腳尖拍打地面的動作，則表明他們的領導權威是不可撼動的。

比如，剛剛晉升為經理的董鑫，與其他人談話時總是習慣雙手叉著腰，雙腳分開站著，有時候還配合著腳尖拍打地面的動作。看到他的這種動作，很多員工都會恭敬地向他打招呼。

▶ 站立時將雙手插在口袋裡

心理學家分析，習慣這種站姿的人，大多不願表露自己內心的真實想法；如果採用這種站姿時還會彎著腰、弓著背，則說明他們在生活或是工作中可能遇到了不順心的事情；這類人往往缺乏獨立性，做事總喜歡走捷徑。

▶ 站立時含胸駝背

心理學家分析，習慣這種站姿的人大多缺乏自信和安全感，而且性格比較內向保守。不過，這種站姿也不排除在青春期發育時沒有培養健康的習慣，從而形成了這種站姿。

比如，曉雅在站著時總是喜歡含胸駝背，今年已經 20 歲了，但她從來不敢穿短裙，她總認為出門穿短裙很沒有安全感。所以整整一個夏季，她都穿著牛仔褲。

▶ 站立時雙腳自然站著，左腳在前，左手放在褲兜中

心理學家分析，習慣這種站姿的人很擅長處理人際關係，如果他們與客戶建立關係，常常會站在客戶的角度去考慮。不過，如果讓其遇到比較憤怒的事，他們也會火冒三丈。在感情方面，他們很討厭將感情建立在金錢之上，也相當討厭他人說自己為了某種目的而與別人交往。

▶ 站立時用手有意無意遮住襠部

心理學家分析，這種站姿一般是男性所採取的姿勢，是一種防禦性的動作，他們之所以會用手遮住要害部位，說明內心可能有些不安，正準備接受批評。

比如，任超因為在就寢時間偷偷翻校牆想出去上網，卻被宿舍老師當

場抓住。在辦公室中，只見他站在牆邊，用手有意無意遮住襠部，準備接受老師的訓斥。

▶ 站立時兩腳交叉併攏，一手托著下巴，另一隻手托著手臂肘關節

心理學家分析，習慣這種站姿的人大多工作很認真，做事情非常投入，是個典型的工作狂。正因為如此，他們常常會為了工作而將伴侶冷落在家。這類人往往比較多愁善感，但很有愛心和奉獻的精神。

▶ 站立時用腳後跟著地，而不是用腳掌著地

心理學家分析，這種動作被稱為反重力站姿，他們採用這種站姿時往往會背靠著牆壁，不時地抬起一隻腳的前腳掌，並有節奏地重複做著這個動作。這表明此人的心情非常好，如同明媚的好天氣。在日常生活中，我們仔細觀察會發現，很多與心愛的人打電話的女孩子會有這樣的站姿。比如，上文中趙雷的女友移情別戀後，與喜歡的男生打電話時就採用了反重力站姿。

▶ 站立時挺胸收腹

心理學家分析，採用這種站姿，並且目光平視，表明此人有很強的自信心，而且比較在意他人對自己的看法，希望在他人的眼裡，自己是一個有修養的人。另外，當人心情比較愉快時也會採用這種站姿。

▶ 站立時一條腿直立著，另一條腿彎曲或是交叉於一側

心理學家分析，習慣這種站姿的人，往往是在表達一種保留的態度或是輕微的拒絕之意，也可能是對方的內心感到有些拘束或是缺乏信心的表現。比如，高瑜的同事提出在週六晚上大家一起去唱歌，但高瑜本打算週六窩在家裡不出門的。當聽到同事的提議時，他站在那裡一條腿直立著，另一條腿彎曲於一側。

▶ 站立時雙腳併攏，雙手背在身後

　　心理學家分析，習慣這種站姿的人往往與其他人相處得很融洽，可能是因為他們比較喜歡服從他人；這類人在工作中沒有什麼創新意識，雖然給人一種踏實感，但對任何事都沒有反對的意見。在感情上，他們大多比較急躁，經常會對某個異性死纏爛打，但一旦讓他們接受愛情的長期考驗，他們往往會成為逃避者。

透過握方向盤姿勢可看穿個性

【心理學故事】

　　孔樺今年 20 多歲了，是某公司的一名員工，雖然他在這裡才做了大半年，但他做事負責的態度卻受到了老闆的青睞。沒過多久，他就被提升為部門小組長。

　　最近，公司組織員工外出旅行，在某處景點遊玩的時候，有同事發現這裡有很多共享汽車，於是建議開車自駕遊，這樣不僅能夠隨意享受美好的景色，而且也能自由分配時間，不像跟團遊那麼緊張。大家聽後，都紛紛表示贊同。而孔樺在大學就考了駕照，自然充當司機的角色，他與部門主管以及其他兩名同事共乘一輛車。一路上，他們一邊聊天一邊欣賞附近的景點，非常開心。

　　在行駛的過程中，部門主管發現孔樺在開車時喜歡握著方向盤下方，但手心卻朝向自己。因此，老闆猜測他做事很果決，而且非常負責。這一

點在工作上的確有明顯的展現，他來公司半年多了，不管交給他什麼樣的工作任務，他總能做得很好，而且非常負責任。

另外，老闆從他的這個姿勢中還推斷孔樺很有領導能力，身邊的人總喜歡向他尋求建議。剛剛在分配車子時，老闆就注意到了，他很快就安排好了乘坐的方案，所以大家才順利地出行。而在遊玩的過程中，有些同事不時地詢問他一些生活方面的事情，比如，孩子正準備參加考試，如何才能讓孩子更專心地複習等。而孔樺本來就是一個高材生，給同事介紹的複習方法也是頭頭是道，這讓對方聽後非常滿意。

這次旅行結束後，老闆更加器重孔樺，總是給他一些比較重要的任務。果不其然，孔樺從來沒有讓老闆失望過，各種任務都完成得很出色。

【心理學家分析】

現如今，很多人出行都會選擇汽車作為代步工具。如果我們仔細觀察會發現，每個人開車握方向盤的姿勢都是千奇百怪的：如果是剛剛考到駕照的「菜鳥」，駕駛汽車時都是使用標準的姿勢來握著方向盤；如果是老司機，開車技術很嫻熟，就會很隨意地握著方向盤。因此，心理學家表示，透過握方向盤的姿勢往往能夠發現一個人的真實個性。

那麼，哪些握方向盤的姿勢能夠暴露一個人的內心狀態和性格呢？在此，我們就來看看心理學家是如何為我們總結的。

▶ 開車時雙手握住方向盤上面的位置，並且身體靠近方向盤

心理學家分析，開車時習慣採用這種姿勢的人大多比較小心謹慎，內心總是處於不安的狀態，所以開車過路口時會多次確認安全後才通過。他們做任何事都是如此，如果沒有百分之百的把握，他們是不會去做的，所

以這類人從來不會做沒有把握的事情。

比如，佩佩在開車時習慣雙手握住方向盤上面的位置，並且身體靠近方向盤，每次開車過路口時，她都非常小心，即使周圍沒有其他車輛和行人，她依然會再三確認。

▶ 開車時雙手握著方向盤

心理學家分析，開車時雙手握著方向盤的人大多喜歡追求完美，非常注重細節，不管做什麼事都會提醒自己要做到盡善盡美、做到最好。所以任何事他們都想親自上手，這種性格為他們累積了不少成功的經驗，所以做事情也更加順利。

不過，這類人雖然表面上看起來比較溫和、隨意，遇到什麼事也不會生氣，但其實他們是在壓抑自己的情緒，一旦爆發出來會相當驚人。

▶ 開車時雙手握住方向盤的中間部分

心理學家分析，開車時握住方向盤的中間部分的人，大多喜歡和平地與人相處，非常討厭紛爭，所以與這類人相處會感覺很舒服。在日常生活中，他們常常充當調解的角色，希望每件事最後都能圓滿而和平地解決。

比如，小曹在開車時喜歡雙手握住方向盤的中間部分，認識他的人都喜歡與他相處，因為他是一個和平主義者，從來不會與他人發生爭執。有他在的地方似乎總是天下太平，因為他經常會出面調解紛爭。

▶ 開車時單手握住方向盤上部

心理學家分析，開車時習慣單手握住方向盤上部的人，大多不懂人情世故，也從來都不關心其他事情，在日常生活中遇到困難和挫折就會選擇逃避；這類人從來不願意考慮未來，也不為將來做打算，只希望能夠快樂

地享受當下。

▶ **開車時一隻手握著方向盤，另一隻放在腿上**

心理學家分析，開車時習慣採用這種姿勢的人大多比較喜歡冒險、刺激性的事物，他們常常會對冒險的事情感到很興奮。在感情方面，這類人總認為趁著年輕要多結交一些朋友，認識不同個性的人，一旦認定了對象，就會全力付出，讓對方感到幸福。

比如，韓東在開車時習慣一隻手握著方向盤，另一隻放在腿上，他平時最喜歡的活動就是去玩滑翔翼或是高空彈跳，因為他非常享受那種刺激的體驗。

▶ **開車時一隻手握著方向盤，另一隻手放在擋把上**

心理學家分析，開車時習慣採取這種姿勢的人喜歡簡單，他們認為生活越簡單越好。在人際關係上也是如此，他們總是喜歡有話直說，從來不會矯揉造作，喜歡與真誠的人做朋友。所以他們的朋友交得不多，但很注重品質。

▶ **開車時握著方向盤下方，但手心朝向自己**

心理學家分析，開車時習慣採取這種姿勢的人往往具有領導者的潛質，做事總是很果決，而且非常負責任；與人相處時，其他人總是會向他們尋求建議和指導，所以這類人不管是在生活中還是工作上都很有領導能力。可是，在感情方面，他們往往很難找到心儀的對象。

比如，上文中提及的孔樺，在開車時就習慣握著方向盤下方，但手心朝向自己，很多同事都喜歡向其討教一些建議，而他給出的建議也總是很中肯。

▸ 開車時握著方向盤下方，但手心朝著外面

心理學家分析，開車時習慣採取這種姿勢的人往往很會活躍現場氣氛，而且是一個十足的捧場王，能讓身邊的朋友感受到快樂。另外，他們還是很好的聆聽者，會耐心而安靜地傾聽他人的訴說，當朋友開心時，他們也從心裡為對方感到開心。

其實，除了握方向盤的姿勢能夠看穿他人的個性外，駕車的方式和偏好哪種汽車類型也能夠暴露出一個人的內心祕密。在此，我們就來看看心理學家是如何分析的。

▸ 開車速度比較慢

心理學家分析，開車速度比較慢的人總是認為自己無法掌控一切，所以即使有人授權於他們，他們也會將許可權縮得很小。不過，這類人往往有嫉妒之心，總是嫉妒他人會超越自己。

▸ 按照規定的速度開車

心理學家分析，按照規定的速度開車的人往往將安全放在第一位，開車時從來不會與他人爭搶車道，總是禮讓對方；在工作中，他們不喜歡鋒芒畢露，認為這樣才會避免被人傷害。另外，這類人不管做什麼事情都是採取中庸的態度，即使有很大的把握，也不會貿然行事。

比如，鄭嘉開車時習慣按照規定的速度來駕駛，坐過他車的人都說：「鄭嘉開車最讓人放心了，簡直比坐火車還安全。」所以，與朋友出去玩時，大家都喜歡坐他的車或是讓他來駕駛。

▸ 開車時駕駛速度比較快

心理學家分析，開車時駕駛速度比較快的人，大多比較喜歡過自己想要的生活，即使在生活中遭遇一些困難和挫折，他們也會默默承受和麵對。

▸ 喜歡轎車

心理學家分析，喜歡轎車的人大多自我感覺不錯，總是喜歡向他人炫耀，希望以此獲得別人的尊重和愛戴。比如，孫爭很喜歡轎車，最近他貸款買了一款剛推出的轎車，剛拿到轎車，他就立刻拍照傳到社群炫耀。

▸ 喜歡節油型的汽車

心理學家分析，喜歡節油型汽車的人往往比較踏實，而且有著務實的生活態度。雖然過去的他們可能比較放縱，但如今卻會為了保持自己的身分和地位而不斷地進取。

▸ 喜歡敞篷車

心理學家分析，喜歡敞篷車的人大都喜歡自由自在而又不受拘束的生活，所以，這類人做事往往比較率性。比如，小武非常喜歡敞篷車，雖然家人為他介紹了一個在事業單位上班的工作，但他卻受不了那種拘束的生活，沒做多久，他就辭職做了一名自由撰稿人。

▸ 喜歡雙車門車型

心理學家分析，喜歡雙車門車型的人大多比較有控制欲，這類人往往只顧及自己的感受，常常會忽略其他人。

▸ 喜歡四車門車型

心理學家分析，喜歡四車門車型的人往往會尊重他人的選擇，即使對方的選擇並不順從自己的意願。比如，喜歡四車門車型的朱倩在與朋友外出旅行時，在住宿的問題上出現了小分歧，因為她比較喜歡向陽的房間，可朋友卻喜歡背陰的。不過，最後她還是尊重朋友的選擇，選了一間寬敞而乾淨的背陰房間。

睡姿反映了眞實性格

【心理學故事】

近日，袁媛與好友周瑾參加聚會時，很喜歡一個男生，但她不敢輕易向對方表白，一方面是由於她對暗戀的對象還不是很熟悉，不知道對方的品性如何；另一方面也是因為上段戀情就是因為她不了解對方而最終以分手告終，所以，這讓袁媛不敢隨便跨出第一步。

當她將這件事向好友周瑾傾訴時，好友聽後安慰她說：「你先不要貿然去表白，我先幫你打聽一下他的情況，再仔細觀察一下對方，最後我們再做決定。」沒過多久，周瑾就告訴袁媛那個男生的基本情況。在了解其基本情況後，袁媛對他還比較滿意，但為了更了解對方，周瑾建議還是組一個唱歌的飯局，以深入了解對方。

週末，周瑾和袁媛約了幾個朋友以及那個男生去吃飯、唱歌。在吃飯的過程中，當幾個人在一起聊天的時候，袁媛發現那個男生在說話時總是以自我為中心，而且根本不考慮他人的感覺，這讓她對對方的印象有些改變。

由於飯局中幾個男生都喝了酒，到了 KTV 後，袁媛中意的那個男生便在包廂中睡了起來。此時，周瑾發現對方在睡覺時一直趴著睡。在這個局結束之後，周瑾與袁媛走在回家的路上，勸她說：「你還是不要對那個男生表白了，剛剛他在睡覺時，我發現他一直趴著睡，這表明對方可能是一個心胸狹窄，而且喜歡以自我為中心的人。另外，他可能喜歡強迫他人適應自己的需求，總認為自己想要的就是他人所需要的，而且根本不在乎他人的感覺。所以，如果你真與這種人在一起，你會感到很累的。」

袁媛頻頻點頭，贊同地說：「的確是這樣，剛剛在吃飯時我也注意到了，他說話時太以自我為中心了，根本不顧他人說什麼，所以我對他的好感度也有所降低。現在聽你這麼分析，我對他更沒有什麼好感了。」

【心理學家分析】

有心理學家經過研究發現，不同的姿勢往往反映出人們不同的性格類型，這是因為睡姿是受意識控制極少的下意識動作。所以，它傳達出來的資訊很少有欺騙性，能夠真實地反映出人們的個性。

在日常生活中，我們在仔細觀察後會發現，有的人在睡覺時習慣側著睡，並將手擋在大腿旁邊；有的人睡覺時喜歡仰臥，將雙手放在小腹上；還有的人則習慣抱著玩具或是抓住衣被睡覺。而這些不同的睡姿反映出人們什麼樣的個性呢？在此，我們就看看心理學家是如何為我們總結的。

▶ 睡覺時蜷縮成胎兒的形狀

心理學家分析，習慣這種睡姿的人大多比較敏感，雖然外表看起來比較堅強，但內心很柔弱；其背部拱起來，是形成一種有力的自我保護，當自己遭受挫折或者痛苦時，這種姿勢能給自己一種安全感。一般來說，這類人在與他人第一次見面時可能會有些害羞，但很快就能放鬆下來。

▶ 睡覺時枕在手臂上

心理學家分析，習慣這種睡姿的人大多是溫文有禮、較為誠懇的人。不過，這類人往往喜歡追求完美，總是希望什麼事情都能做得完美無缺。

比如，張賓發現新來的部門經理在午睡時總喜歡枕在手臂上睡，由於他做事太過追求完美，所以張賓與其他員工對此都苦不堪言，經常做一個方案需要修改數十次。

▸ 睡覺時習慣仰臥，並將雙手放在小腹上

　　心理學家分析，習慣這種睡姿的人雖然人際關係不錯，但沒有什麼異性緣，這是因為在朋友中，他們往往比較亮眼，所以讓異性朋友感到有壓力，擔心自己不小心就會成為眾矢之的。因此，這類人如果想要提升自己的異性緣，想讓更多的異性注意自己，就應該適時地收斂一下自己在同性朋友中所散發的魅力。

▸ 睡覺時習慣側躺在一邊

　　心理學家分析，習慣這種睡姿的人大多比較自信，由於他們非常努力，所以做什麼事都能取得成功。另外，這種姿勢也代表他們將來會成為一種有錢、有權勢的人。

　　比如，黃傑在睡覺時喜歡側躺在一邊，當其他同學都在考研究所時，他卻開始了創業，因為他看準了當前的商機，並認為自己能夠成功，在堅持不懈的努力下，他的創業之路走得很順利。

▸ 睡覺時習慣抱著玩具或是抓住衣被

　　心理學家分析，習慣這種睡姿的人往往對異性有著很強的警惕心，在選擇朋友時也非常慎重，所以這類人的精神狀態有些緊繃。他們與異性相處時過於注重精神交流，追求的是柏拉圖式的戀情。因此，專家建議，這類人在與異性相處時不能過於理想化，應該換個角度來看待對方，這樣才能更加輕鬆地與對方相處。

▸ 睡覺時習慣趴著睡

　　心理學家分析，趴著睡，就是肚子朝下，這種睡姿表明此人可能心胸比較狹窄，並以自我為中心；強迫他人適應自己的需求，認為自己所需要

的就是他人所需要的，根本不在乎他人的感覺或是經常以散漫的態度來對待他人。比如，上文中袁媛暗戀的那位男生。

睡覺時身體平躺，兩隻手臂稍微上舉並抱枕

心理學家分析，習慣這種睡姿的人大都喜歡幫助他人，對他人慷慨解囊，所以人際關係不錯；與他人相處時，是很好的傾聽者。不過，他們在公眾場合中不喜歡自己成為焦點。

比如，宋超在睡覺時喜歡身體平躺著，兩隻手臂稍微上舉並抱枕，他樂於助人的性格讓他的周圍有很多朋友，只要朋友需要幫忙，他總是儘自己最大的能力來幫助對方。

▶ 睡覺時四肢呈現大字形

心理學家分析，習慣在這種睡姿的人大多崇尚自由，為人較為熱情、真誠，與這種人相處會讓人感到很舒服。不過，這類人喜歡揮霍，但好在他們有賺錢的能力。另外，他們比較喜歡多管閒事，而且有時候會說長道短。

▶ 睡覺時習慣仰面平躺，雙手緊貼身體的兩側

心理學家分析，習慣這種睡姿的人性格比較內向，而且思想較為保守；他們總是會遵守嚴格的標準，時間久了，他們也會嚴格地要求他人。

比如，很多軍人睡覺時習慣仰面平躺，雙手緊貼身體的兩側，他們在部隊中待一段時間後就會一絲不苟地遵守部隊中的標準，如按時起床、就寢等。後來，他們回家探親時也會嚴格地要求身邊的人如此。

▶ 睡覺時習慣一隻膝蓋彎曲

心理學家分析，習慣這種睡姿的人比較喜歡抱怨、發牢騷；他們的神經常常處於緊繃的狀態，很容易大驚小怪，而且很難取悅。因此，心理學

家建議，這類人應該告訴自己：生活中的事情其實沒什麼大不了的，要用放鬆的心態來面對。

除了睡姿能夠真實地反映出一個人的性特別，選擇何種款式的床也能看出人們的內心狀態和個性。

▶ 喜歡大型號的床

心理學家分析，喜歡這種類型的床的人，希望能夠有讓自己自由伸展的空間，所以一直在為此努力爭取；這類人往往不願他人非常徹底地了解自己，所以他們總是與別人保持一定的距離，以讓自己顯得有些神祕感。

▶ 喜歡圓頭床

心理學家分析，喜歡圓頭床的人往往有很強的叛逆性，不喜歡遵守既定的規則；這類人做事比較馬虎，總是喜歡我行我素。比如，愛睡圓頭床的小郭經家人介紹在一家事業單位工作，但他做事卻馬馬虎虎，我行我素，這讓老闆對他頗有微詞。沒過多久，老闆以散漫的工作態度為由將其辭退了。

▶ 喜歡周圍有精巧的金屬架並有柱子的床

心理學家分析，喜歡這種類型的床的人大都缺乏安全感，他們總是想要找一些東西來保護自己，而這種床則成為他們最好的選擇；他們做事比較講究原則，什麼都分得一清二楚。另外，這類人的疑心比較重，常常不會輕易相信他人，所以，與人相處時他們很容易產生挫敗感。

▶ 喜歡摺疊床

心理學家分析，喜歡摺疊床的人往往有雙重性格，他們有時候會深深地壓抑自己的情感，有時候則會無節制地放縱自己。這類人有時候比較缺

乏責任心，面對該承擔的責任常常會選擇逃避。不過，他們會將大部分的時間和精力放在工作中，在此期間，他們會將自己的各種情感隱藏起來。

比如，胡華習慣睡摺疊床，在他的工作場所中，經常放著這樣一張床，這是因為他總是將自己大多數時間和精力投入工作中，只有感到很累的時候才會在床上休息幾個小時，而後繼續工作。別人不知道的是，其實在他瘋狂工作的這段時間，妻子正在與他鬧離婚。

▶ 喜歡單人床

心理學家分析，喜歡單人床的人對自己要求比較嚴格；為人處世小心謹慎，但有時候有些木訥；對工作比較認真負責，做事很有毅力。

雖然說睡覺是一件很愜意的事，但在特別放鬆的狀態下，睡姿卻能夠真實地反映出人們真實的心理狀況和個性。因此，與人交往時，透過觀察他人的睡姿能夠了解更多對方不為人知的心理祕密。

微表情心理學，1/25 秒看見未言之語：
表情 × 眼睛 × 動作 × 姿勢，暗中觀察，明裡解讀！搞懂微表情，對方心思再也藏不住

作　　　者：陳濤濤，王利利
責 任 編 輯：高惠娟
發 行 人：黃振庭
出 版 者：崧燁文化事業有限公司
發 行 者：崧燁文化事業有限公司
E - m a i l：sonbookservice@gmail.com
粉 絲 頁：https://www.facebook.com/sonbookss/
網　　　址：https://sonbook.net/
地　　　址：台北市中正區重慶南路一段 61 號 8 樓
8F., No.61, Sec. 1, Chongqing S. Rd., Zhongzheng Dist., Taipei City 100, Taiwan

電　　　話：(02)2370-3310
傳　　　真：(02)2388-1990
印　　　刷：京峯數位服務有限公司
律 師 顧 問：廣華律師事務所 張珮琦律師

定　　　價：299 元
發 行 日 期：2024 年 06 月第一版
◎本書以 POD 印製
Design Assets from Freepik.com

國家圖書館出版品預行編目資料

微表情心理學，1/25 秒看見未言之語：表情 × 眼睛 × 動作 × 姿勢，暗中觀察，明裡解讀！搞懂微表情，對方心思再也藏不住 / 陳濤濤，王利利 著 . -- 第一版 . -- 臺北市：崧燁文化事業有限公司，2024.06
面；　公分
POD 版
ISBN 978-626-394-395-7(平裝)
1.CST: 行為心理學 2.CST: 肢體語言
176.8　113007764

電子書購買

爽讀 APP

臉書